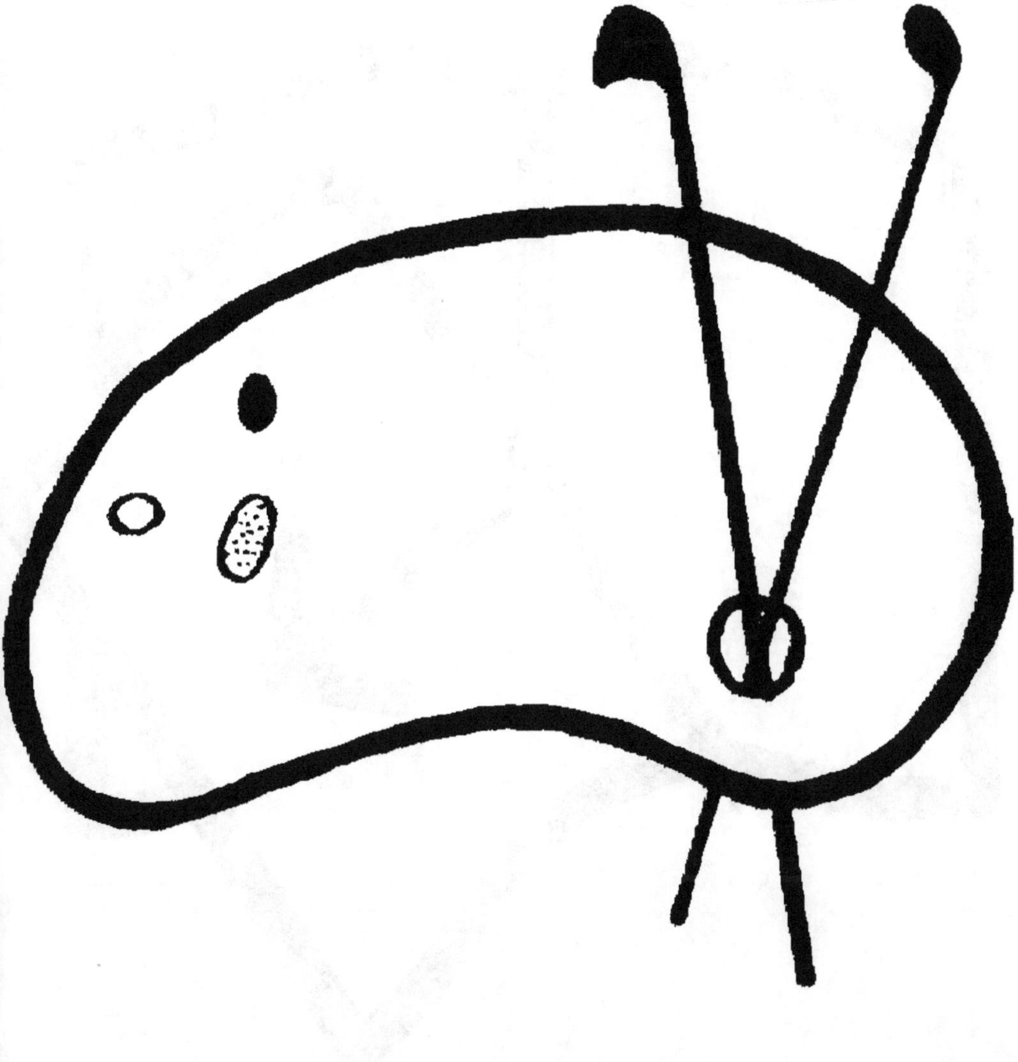

DEBUT D'UNE SERIE DE DOCUMENTS
EN COULEUR

Couverture inférieure manquante

EN PUISAYE

LA DAGUE & L'ÉPÉE

COMBAT DE BLÉNEAU

LA CHASSE ROYALE A SAINT-FARGEAU

LA PUISAYE. ORIGINES & VIEUX USAGES

PAR

Gabriel DE RUBERCY

ANCIEN CONSEILLER DE PRÉFECTURE
MEMBRE DE L'ACADÉMIE DE SAINTE-CROIX D'ORLÉANS

ORLÉANS
IMPRIMERIE PAUL GIRARDOT
VIS-A-VIS DU MUSÉE

1890

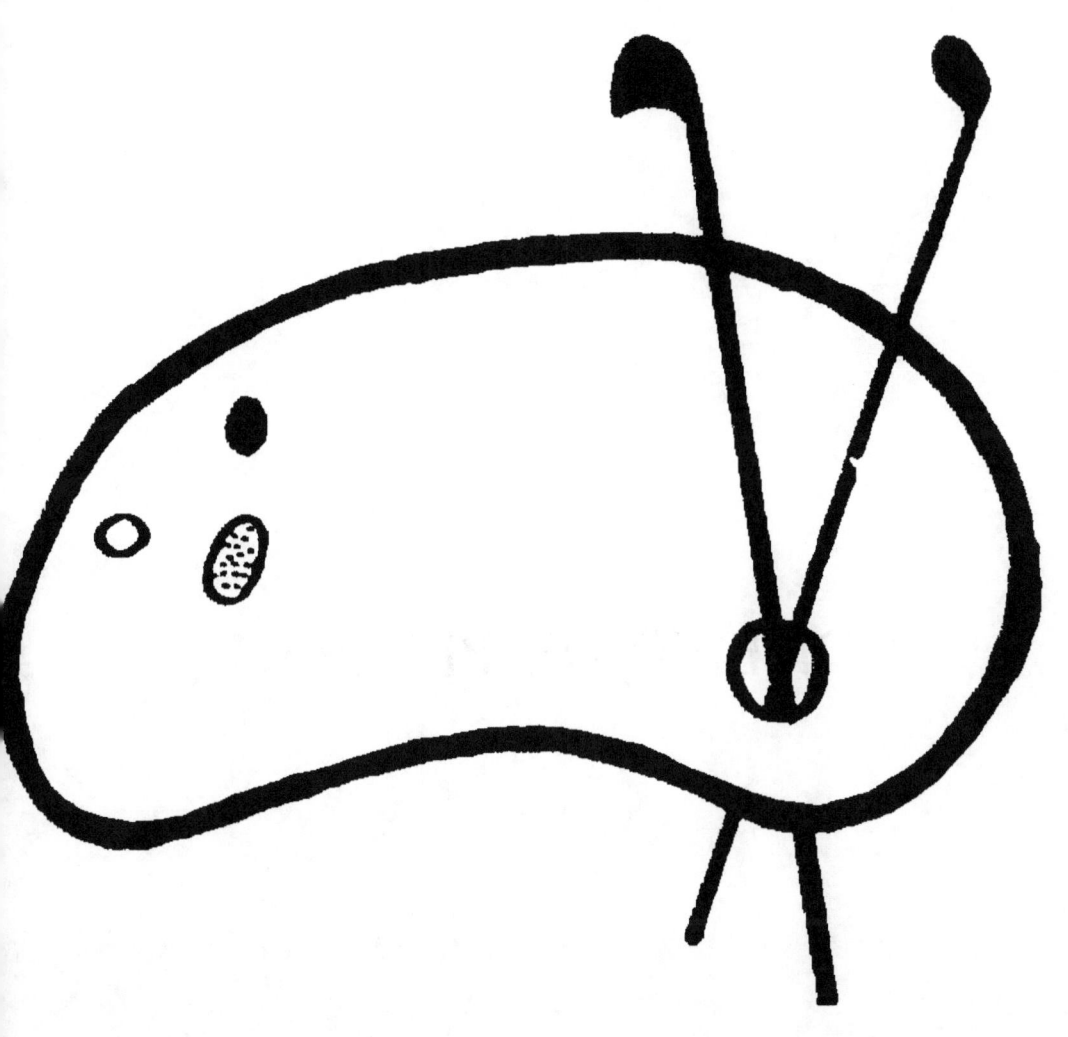

FIN D'UNE SERIE DE DOCUMENTS EN COULEUR

COMBAT DE BLÉNEAU

COMBAT DE BLÉNEAU

D'APRÈS LES MÉMOIRES DU TEMPS [1]

(6-7 Avril 1652)

Quand au plus fort de la Fronde, la Cour en était réduite à gagner la Loire pour chercher un abri derrière les troupes mazarines, Condé avisé des projets du Cardinal arrivait à marches forcées de la Guyenne.

Sous un déguisement qui le rendait méconnaissable, le Prince dérobait sa course en compagnie d'une faible escorte. Avec lui chevauchaient MM. de La Rochefoucault et son fils le jeune prince de Marsillac ; l'un précédait d'une centaine de pas, l'autre suivait à quelque distance. Rochefort, le valet de chambre, servait d'éclaireur, tandis que MM. de Guitaut et de Chavaignac allaient de l'avant pour s'enquérir des nouvelles ; car la Cour, réfugiée à Gien, avait eu vent du

---

[1] Mémoires de La Porte (Fronde) ; — du Cardinal de Retz (Liv. IV) ; — de Mme de Motteville (t. III, ch. 47, 1652) ; — de Mlle de Montpensier (Liv. II, chap. 7) ; — de Mme de Longueville (p. 120 et suiv.) ; — *Histoire de la Fronde*, par M. le comte de Saint-Aulaire (t. II, ch 17) ; — *Rapport du combat de Bléneau*, par le général de Gaucourt ; — Lettre de Condé à Mademoiselle (8 avril 1652) ; — Mém. de MM. de Gourville, de Navailles, de La Rochefoucault ; — *Mémoires de Ste-Hélène* (Napoléon). — Nota : Le cinquième volume de l'*Histoire des princes de Condé* devant raconter cette époque n'est point encore paru.

voyage et savait la route suivie depuis Châtillon (1). Vingt maîtres, comme on disait alors, c'est-à-dire vingt cavaliers, bien montés et résolus, étaient partis en toute hâte sur les traces signalées, avec ordre de s'emparer du Prince, mort ou vif.

Dire par quelle stratégie, par quelle suite de hasards on parvint à échapper à cette poursuite, est le soin de M. de Gourville dans son Mémoire relatif à ce voyage.

Après mille dangers courus, habilement détournés, la petite troupe sortait enfin de la forêt d'Orléans et, plus confiante, se dirigeait vers le bourg de Lorris, quand elle tomba à l'improviste dans une garde qui lui barra la route. Condé, surpris, s'apprête à tourner l'embuscade ; il regarde, il hésite. Quels sont ces gens de guerre qui s'avancent vers lui ? Frondes ou Mazarines ?... Son inquiétude est vive ; on s'approche..... Certes ! quelle émotion ! il a reconnu les siens. Mais il reste impassible et ne veut pas dire qui il est. Un colonel allemand, M. d'Estouan, se doutant que c'était le Prince, s'arrête, met pied à terre et lui baise le genou. Sur l'instant toute l'armée apprend l'arrivée de Condé et c'est pour elle un cri de ralliement et de joie.

En messager rapide, M. de Gourville est déjà de retour. Depuis le passage à La Charité, il avait dû quitter Son Altesse pour courir à Paris et prévenir M. le duc d'Orléans. Maintenant il arrivait devant Montargis à la tête de deux cents cavaliers et autant de fantassins. En vain demandait-il à la ville de lui ouvrir ses portes, celle-ci refusait lors même que la cavalerie de M. de Beaufort se présentait sous ses murs pour avoir raison de cette résistance. Mais Condé n'était pas patient,

---

(1) Châtillon-sur-Loire.

il accourt irrité, et, faisant avancer l'armée, il donne aux habitants une demi-heure pour se rendre (1). A cette brusque sommation, Montargis ne tient plus, elle ouvre ses portes et se résigne. Là le Prince demeure un jour et y acquiert la certitude que les troupes mazarines étaient prêtes à passer la Loire. C'est pourquoi il lui paraît prudent d'y laisser une garnison, au cas probable d'une marche de Turenne sur Paris. Trois cents hommes sont donc placés sous le commandement du marquis de Crèvecœur, puis on gagne Château-Renard, à trois lieues et demie de là. En même temps des partis de cavaliers sont détachés pour avoir des nouvelles de l'ennemi.

Le lendemain matin 6 avril, on apprenait que les troupes royales venaient de passer la Loire au pont de Gien, que l'armée du maréchal d'Hocquincourt était déjà à Breteau et que les régiments de Seneterre, d'Hocquincourt et de Manicamp gardaient, à Rogny, les ponts du canal et de la rivière du Loing. On savait aussi qu'il y avait des troupes à Bléneau et que l'armée de M. de Turenne campait entre Ouzouer et Briare.

De ces renseignements, il était aisé de conclure que les deux armées royales étaient à la veille de se joindre et que les quartiers d'Hocquincourt, encore disséminés, ne se trouvaient pas ainsi en ligne de combat. En telle situation, il fallait attaquer sans retard. Aussitôt le Prince fait mander MM. de Nemours, de Beaufort, de La Rochefoucault, de Clinchamp, de Tavanne et les maréchaux de camp. Après conseil de guerre, l'avis unanime est de prendre contact dès le soir même avec l'ennemi. Deux coups de canon furent

---

(1) Ce qui fit dire que « Condé prit Montargis avec sa montre ».

tirés pour rassembler les fourrageurs. Le camp fut levé et les soldats firent telle diligence qu'à midi les troupes étaient en marche.

Or, avant d'atteindre Rogny, où se trouvait l'avant-garde d'Hocquincourt, il était nécessaire d'occuper Châtillon-sur-Loing pour y passer avec l'armée. M. de Chavaignac, maréchal de camp, fut envoyé avec cinquante cavaliers pour s'emparer de ce poste, ce qu'il fit d'ailleurs sans coup férir, et, comme la nuit approchait, l'ennemi n'eut point connaissance de ce mouvement.

Bientôt on aperçut de l'autre côté de l'eau les feux des avant-postes qui bivouaquaient le long du canal. A la lueur on jugea que les ponts étaient gardés. Sans hésiter, Condé donna ordre à cinquante cavaliers allemands d'aller droit au pont, de dire qu'ils étaient de l'armée de Turenne et qu'ils revenaient de parti. En même temps il massait son régiment et celui d'Enghien, appuyés de deux cents mousquetaires prêts à donner, suivant que l'engagement réussirait. Les troupes attendaient, pendant que les Allemands faisaient ce qui leur avait été commandé. Ceux-ci parlementèrent quelque temps avec les dragons qui, se méfiant de leur langage, refusaient de les laisser passer, et cependant ne tiraient pas sur eux.

Voyant que la ruse restait sans effet, et profitant du renseignement d'un paysan, Condé vint dire à M. de Nemours de prendre la tête des régiments de Conty et de Persan et de gagner sans bruit et rapidement vers la gauche, à trois cents pas de là, un gué de la rivière, puis les passerelles d'écluses du canal (1), qu'il allait le soutenir avec les troupes allemandes

---

(1) Il y a en cet endroit sept écluses successives sur le canal. A cette époque il n'y en avait que trois.

de M. de Clinchamp, mais que du même coup il donnerait l'attaque du pont.

M. de Nemours trouva le passage barré par des bois mis en travers sans autre garde ni défense. Il vint à bout de l'obstacle, et sitôt franchi, le Prince accourut à sa suite pour précipiter le mouvement par le flanc, pendant que MM. de Beaufort, de La Boulaye, de Castres, de Silly et autres attaquaient vivement le pont avec la cavalerie, enfonçaient les barricades et tuaient tout ce qui faisait résistance.

Brusquement assaillis, les dragons d'Hocquincourt soutinrent mal le choc. Les uns se replièrent sur un petit village à un quart de lieue de là, appelé *les Petites-Maisons*, où d'autres dragons couvraient le reste de l'armée. M. de Nemours poussa jusqu'à eux et fit prisonnier tous ceux qui ne purent se réfugier au château de Saint-Eusoge, qu'habitait un gentilhomme (1).

Le feu prenait partout dans le quartier en déroute ; car ceux qui, surpris dans l'alerte, n'avaient pas su gagner à temps leur monture, incendiaient eux-mêmes de rage de ne pouvoir retrouver leurs équipages et sauver leurs chevaux. Quarante chevaux et quantité de bagages furent ainsi brûlés. Quant à ceux qui s'étaient jetés dans le château, ils s'y barricadaient et faisaient résistance, ne voyant point le canon.

Condé arriva et les somma de se rendre, tout en dépêchant M. de Beaufort au quartier général, avec ordre de faire amener immédiatement les fauconneaux avec de l'infanterie. En passant, le cheval de M. de Beaufort tombe atteint d'une mousquetade ; le capitaine des gardes qui le suit est blessé. Enfin les canons arrivent, et pour la deuxième fois le château est sommé de

---

(1) Le château de Saint-Eusoge est aujourd'hui habité par le duc d'Harcourt.

se rendre. Les portes s'ouvrent et les dragons sont faits prisonniers. En cet endroit, chose singulière, on ne cite qu'un seul cornette du régiment de Conty qui fut tué, le nommé La Noirtière.

Mais, tandis que les lueurs de l'incendie éclairent le lieu de cette première escarmouche, M. de Tavanne aperçoit à quelque distance des cavaliers qui cherchent à se reformer à l'abri des maisons d'une métairie. Pour ce fougueux petit maître, ce fut l'affaire d'un instant, il donna dans ce village et l'enleva. Ailleurs la cavalerie du Prince pourchassait les dragons en fuite qui longeaient la rivière. Par ici, c'était M. de Beaufort qui tombait en plein quartier de Manicamp. La lutte était vive, il fallut batailler, charger à maintes reprises. Ceux qui ne restèrent pas prisonniers, se sauvèrent dans la direction de Champcevrais et pénétrèrent dans le château qui fut assiégé et pris par M. de Villars.

L'alarme était au quartier d'Hocquincourt. Pour n'avoir point voulu suivre les conseils de Turenne, le vieux maréchal, d'un caractère difficile et obstiné, avait mal disposé ses troupes et il venait d'être surpris en pleine nuit, dans le plus grand désordre, par une attaque impétueuse, énergique, savante, comme Condé savait les conduire.

A peine a-t-il le temps, au milieu des bagages de l'armée, de se porter en arrière du ruisseau du Beaune, que Condé fond sur lui, hâte la confusion et ne lui laisse ni l'instant de se maintenir, ni celui de se reconnaître.

Ainsi, ce fut une trop rude besogne pour l'armée d'Hocquincourt qui, bousculée pour ainsi dire par les cavaliers de Beaufort et de Nemours, fléchissait pareillement sous les feux de mousqueterie d'Enghien.

Les bagages furent complètement abandonnés. Tout le

personnel des généraux fut capturé avec une suite de carrosses et de chevaux. De l'aveu même du secrétaire du maréchal, le butin devait s'élever à plus de six cent mille livres d'or ou d'argent monnayé, sans compter, pour le moins, deux cents mulets ou chevaux de bâts, cent cinquante charriots remplis de fourrage et de vivres, ainsi que quatre services de vaisselle d'argent.

D'Hocquincourt s'était établi tant bien que mal de l'autre côté d'un petit ruisseau (1), et, comme le précédent, affluent de la rive droite du Loing, mais beaucoup plus difficile d'accès et traversant des terrains marécageux. Pour ceux qui ignoraient le pays, il était extrêmement malaisé de trouver le gué, surtout par cette nuit noire. Cette circonstance entrava la marche des troupes du Prince et donna aux autres quelque répit.

Enfin on relève un passage fort étroit, tellement que M. de Nemours, en s'y engageant, ne pouvait, dans ce lieu, faire passer qu'un seul cheval à la fois. Les régiments de Condé et d'Enghien arrivaient péniblement, attendant leur tour de marche, puis venaient MM. de La Rochefoucault, de Clinchamp, de Beaufort, Briole, ainsi que le prince de Marsillac, le comte de Guitaut, de Gaucourt, de Tavanne et de Lauque. Tous étaient impatients et rivalisaient d'ardeur. Le régiment d'Enghien parvient à se mettre en ligne et, allant de l'avant, repousse l'ennemi qui, rompant sans combattre, reprenait position sur une éminence voisine. A ce moment, le jeune de Marsillac se trouva pris dans un corps à corps avec un dragon. Il le tue de deux coups d'épée et court rejoindre le Prince qui faisait l'assaut du quartier. Malheureusement le feu avait été mis à des métairies

---

(1) Le rû des Bonneaux.

et, à la clarté de l'incendie, le maréchal s'aperçut du faible soutien de l'attaque ; car il n'y avait à peine que trois régiments de passé et encore se portaient-ils au pillage. Saisissant le moment, d'Hocquincourt fait tourner la position et arrive merveilleusement à la charge. Ce fut M. de Nemours qui reçut le choc ; il rompit trois assauts, mais il fut blessé d'un coup de pistolet à la hanche et eut son cheval tué sous lui.

Cependant la confusion était grande, mais l'indécision du Maréchal permit aux autres de rallier, tandis qu'arrivait à la rescousse le régiment de Meilles, frais à donner. Par un retour offensif vigoureusement enlevé, Condé reprend son avantage et les troupes mazarines, chassées de toutes parts, sont obligées de battre en retraite.

Le lieutenant-colonel de M. de Clinchamp fut tué dans l'action ; deux officiers allemands, MM. de La Liberté et d'Arcicourt, y furent blessés. Le cheval du capitaine des gardes de M. de La Rochefoucault reçut deux coups de feu de même que celui du baron de Clinchamp. M. de Bellengreville, jeune volontaire à l'armée de Condé, fut atteint à la cuisse par un coup de pistolet. Du côté d'Hocquincourt les prisonniers furent nombreux.

Comme le jour commençait à poindre, on apercevait au travers des brumes du matin les mouvements des troupes du Maréchal, dont une partie prenait la direction d'Auxerre, et l'autre gagnait Bléneau, mais ne s'y trouvant pas en sûreté, passait le pont et remontait de l'autre côté de la vallée pour s'abriter dans les bois. Ainsi, la déroute était complète, et cependant M. de Beaufort à la tête de Condé et M. de Clinchamp avec sa cavalerie, entreprirent, de concert avec le Prince, de poursuivre les débris de l'armée vaincue pour lui enlever toute velléité de retour. Ayant près de lui M. de La Rochefoucault,

Condé en pourchassa jusqu'à trois lieues de là, lorsqu'un courrier, dépêché en toute hâte, parvint à le rejoindre et lui dit que M. de Nemours, arrêté dans une maison pour y panser sa blessure, venait d'apprendre que des troupes en ordre avaient quitté Breteau et s'avançaient dans leur direction. C'était Turenne qui se portait au secours du Maréchal.

Se rabattre aussitôt sur le quartier général, près de Bléneau, et rassembler l'armée sur les hauteurs d'où il venait de déloger d'Hocquincourt, fut le mot d'ordre. Il n'y avait pas d'instants à perdre ; déjà l'avant-garde de Turenne apparaissait de l'autre côté de la rivière. Or, la cavalerie de Condé se trouvait disséminée par les combats de la nuit et tardait à revenir, soit qu'il y eut des hommes d'égarés, soit que ceux-ci fussent encore à la *picorée* (1), comme on disait vulgairement.

Il était urgent de faire rallier au plus tôt ces troupes pour prendre tout au moins la défensive. Quant à l'infanterie, les vivres étant à profusion parmi les bagages abandonnés de l'ennemi, on ne pouvait l'arracher du pillage. Enfin les chefs se multiplient et l'armée se concentre sur Bléneau. Le grand jour permettant de mieux se reconnaître on trouva deux ponts pour passer le Loing et le régiment de Condé prit la tête pour s'établir en avant, tandis que le reste se tenait sur la réserve.

Pendant que Condé observait les positions de l'armée royale, Turenne, de son côté, avait deviné la présence de son futur rival. Comme on lui objectait que le Prince ne pouvait être revenu de Guyenne. « Je vous dis, répliqua-t-il, que M. le Prince est arrivé et que c'est lui qui commande son armée (2). »

---

(1) Synonyme de maraude (picoreurs-maraudeurs).
(2) Ramsay tenait, dit-il, ce propos du prince de Marsillac.

En effet, à la nouvelle du premier engagement de Rogny, Turenne croyant que c'était une simple attaque de M. de Nemours, en avait pris peu de souci ; mais lorsque, marchant au canon, il arriva sur le plateau qui domine la vallée, et quand il eut aperçu tous les villages en feu, il reconnut à qui il avait à faire. Malheureusement il n'avait emmené que peu de troupes. Il fit promptement quérir toutes celles qu'il avait laissées à Briare et ordonna de recueillir tout ce qu'on retrouverait de l'armée d'Hocquincourt. Ses généraux, MM. de Navailles et de Pallauu furent promptement prévenus ; mais cette situation ne permettait pas de s'engager plus tôt. Quatre mille hommes à peine se trouvaient maintenant sous les ordres de Turenne, et Condé en comptait près de douze mille.

Dès la première heure, les paysans qui s'étaient sauvés devant le combat et devant l'incendie de leurs maisons, arrivèrent à Gien et y apportèrent la nouvelle de la défaite du maréchal d'Hocquincourt. Ce fut, comme on pense, grande alarme dans la ville, d'où la Cour affolée parlait de s'enfuir aussitôt. Mais les équipages étaient restés à Sully ; là où on avait traversé la Loire (1). Il fallait le temps de les envoyer chercher. C'était à cinq lieues de là. Il était urgent de prendre un parti et on ne savait lequel prendre. La reine mère, raconte M. de Seneterre (2), cachait ses larmes en pensant que peut-être aucune ville ne recevrait plus le jeune roi. Le Cardinal parlait de gagner Bourges et venait de donner les ordres pour qu'on amenât les charriots et les mulets au bout du pont, dans le quartier du Berry où se rejoindraient les voitures qu'on y attendait.

---

(1) Cet endroit a gardé le nom de *Pont-au-Roi*.
(2) Henri de La Ferté-Saint-Nectaire ou de Seneterre, maréchal de France.

Cependant Louis XIV, bien qu'enfant, ne l'entendait pas ainsi. Il prend un cheval et court hors de la ville, accompagné de plusieurs gentilshommes de sa cour, tous résolus à se battre. Mazarin apprend cette jeune équipée, il fait arrêter le Prince et l'empêche de donner suite à ses généreux sentiments.

Le lendemain matin, dès l'aube, tous les carrosses de la Cour étaient remplis et prêts à partir. On allait faire couper le pont, lorsqu'arrivèrent des nouvelles de M. de Turenne que Anne d'Autriche avait fait prévenir. Il disait que le Roi pouvait rester à Gien sans rien craindre, mais M. de Saint-Évremond a fait savoir depuis que M. de Turenne dissimulait alors les plus graves inquiétudes : « Jamais, disait Turenne, il ne s'est
« présenté tant de choses affreuses à l'imagination d'un
« homme qu'il s'en présenta à la mienne. Il n'y avait pas
« longtemps que j'étais raccommodé avec la Cour et qu'on
« m'avait donné le commandement de l'armée qui en devait
« faire la sûreté. Pour peu qu'on ait de considération et de
« mérite, on a des ennemis et des envieux. J'en avais qui
« disaient partout que j'avais conservé une liaison secrète
« avec M. le Prince. M. le Cardinal ne le croyait pas ; mais
« au premier malheur qui me fut arrivé, peut-être aurait-il
« eu le même soupçon qu'avaient les autres. De plus, je
« connaissais M. d'Hocquincourt qui ne manquerait pas de
« dire que je l'avais exposé et ne l'avais pas secouru. Toutes
« ces pensées étaient affligeantes, et le plus grand mal, c'est
« que M. le Prince venait à moi le plus fort et victorieux. »

Quoi qu'il en soit, il fallait tenir ferme contre la mauvaise fortune et quand même rassurer la Cour. Heureusement, les angoisses se calmèrent, bien qu'on aperçût des fenêtres du château la plaine qui se couvrait de soldats en déroute. Mais on apprenait que M. de Bouillon venait de rejoindre son frère à la tête de troupes volontaires, et le bruit courait dans l'armée que le Roi allait y venir en personne. Ce n'était plus qu'un cri de : *Vive le Roi et bataille*. On reprenait espoir.

Un moment Turenne s'arrêta dans les *gâtines* de la Chenaudière, situées entre le village de Breteau (1) et à mi-distance de la petite ville de Bléneau, à un endroit où la plaine se rétrécit entre deux grands bois qui ne laissent d'espace entre eux que pour faire passer de front trois ou quatre escadrons. Ses troupes étaient postées le long du bois et cette position paraissait avantageuse dans l'entourage de Condé, mais lui, en jugea différemment : « Si M. de Turenne demeure là, dit-il, je vais le tailler en pièces, mais il se gardera bien d'y demeurer. »

En même temps Condé faisait marcher par la gauche son régiment et par la droite celui de Languedoc, sous les ordres du baron de Vallon, maréchal de camp, soutenu par les régiments d'Aulac, les gendarmes et les chevau-légers. Il jugea son infanterie meilleure que celle de Turenne, et, avec un feu bien dirigé, il allait faire déloger son ennemi.

Il était midi quand l'attaque commença.

Soit que M. de Turenne vit qu'il ne pourrait se maintenir de la façon dont l'action s'engageait, soit plutôt que ce fut une feinte et qu'il cherchât à attirer Condé, il fit reculer ses troupes dès le début jusqu'au fond du défilé et hors portée de la mousqueterie. Là, à sa gauche et un peu en arrière, il trouva le long étang de la Tuilerie. Sa droite s'appuyait sur

---

(1) En 1842, près de Breteau, des bûcherons ont trouvé dans le tronc d'un vieux chêne un boulet de fer provenant, suivant toute vraisemblance, du combat entre Condé et Turenne. Les bois dont il s'agit appartiennent aujourd'hui à la famille de Champlivault.

la continuation du bois et la levée d'un second étang, qui prend son nom du village de Champoulet.

Se gardant bien de faire occuper le bois, de crainte d'être engagé malgré lui, il reste dans le défilé avec sa cavalerie, marchant au pas et simulant une retraite. Six escadrons de M. de Beaufort arrivent alors à leur poursuite avec l'intention de les pousser par une charge et de les acculer dans un fond qui paraissait sans issue. Turenne continuait d'avancer dans le défilé. Un instant Beaufort hésite, il va, vient, s'arrête, mais il allait marcher quand tout à coup le Vicomte fait volte-face et arrive furieusement à la charge, culbutant la tête de colonne ennemie qui ne savait plus se dégager dans le désordre d'un retour précipité à travers ce passage difficile que traverse le rû bourbeux des étangs (1). Le Prince avait eu beau prévoir cette habile manœuvre et faire prévenir M. de Beaufort de se rabattre, il fut fort étonné de trouver l'armée royale en si bonne position. Il dit à M. de Clinchamp de faire ouvrir ses troupes pour démasquer des batteries qu'on amenait et qui firent feu de toutes pièces.

Mais l'artillerie de Turenne, avantageusement placée, était meilleure et mieux servie. Les coups de fauconneaux portaient si bien qu'ils tenaient en respect, d'une part, les mousquetaires de Condé qui n'osaient point se découvrir, et de l'autre, la cavalerie qui ne pouvait plus se mouvoir. Le reste de la journée se continua en légères escarmouches et en échangeant des coups de canon. Ce fut tout le combat.

Le comte de Maré fut dangereusement blessé et mourut peu de temps après. M. de La Tour, lieutenant-colonel de Languedoc, fut tué et le marquis de La Chaise pareillement.

---

(1) Ce rû sert de rigole d'amenée d'eau au Canal de Briare.

C'était un premier capitaine au régiment de cavalerie de Valois, jeune homme fort brave et distingué. Quant à M. de Nemours, sa blessure n'avait rien de grave.

Vers le soir, l'inquiétude augmentait dans l'entourage de Turenne. D'Hocquincourt n'arrivait pas. Les officiers disaient que trop de témérité pouvait tout perdre et qu'une retraite sur Briare ou Gien s'imposait jusqu'au retour des renforts qu'amènerait le Maréchal. « Si l'armée d'Orléans a fermé « ses portes au Roi, dit Turenne, lorsque son armée n'avait « pas encore eu d'échec, aucune ville ne me reverra vaincu « et fugitif. Vous le voyez, Messieurs, il faut vaincre ou « mourir ici (1). »

Condé d'ailleurs était indécis. Ses troupes, surmenées des marches et des combats de la nuit, avaient besoin de repos ; les chevaux et les cavaliers ne s'étaient pas arrêtés depuis la veille. Prolonger la lutte devenait momentanément impossible.

Turenne pensait bien que dans ces circonstances son ennemi coucherait sur ses positions (2), mais il prévoyait sûrement que dès le lendemain il serait attaqué et d'autant plus hardiment que le Prince aurait meilleure connaissance du pays. Malgré son heureuse tactique, sa petite armée avait peu de chance de résister longtemps aux deux armées de Condé et des renforts sérieux ne lui arrivaient pas. Aussi, la nuit étant venue, il se résigna à se retirer vers Gien ; car, avant le jour, il pouvait être tourné et pris du même coup de front et à revers dans le défilé entre les étangs.

Sur ces entrefaites arriva le maréchal d'Hocquincourt qui,

---

(1) *Ramesay*. (Liv. III, p. 245.)
(2) Une colonne commémorative du combat de Bléneau a été élevée il y a quelques années sur l'emplacement dont nous avons parlé.

égaré dans la nuit, venait de donner par méprise dans les gardes de l'armée de Condé. M. de Beaufort le reconnut et lui demanda un de ses lieutenants qui avait été pris avec M. de Nemours sur la frontière de Picardie. M. d'Hocquincourt s'en expliqua et dit qu'il souhaiterait bien de faire sa révérence à M. le Prince, ce qui obligea Son Altesse d'y venir. Sans défiance, le Maréchal vient à sa rencontre, s'approche et lui dit, avec sa vantardise habituelle, que n'ayant reçu l'ordre de marcher que pour le lendemain, c'est ce qui avait été cause du retard de M. de Turenne, que sans cela, il l'aurait trouvé dans le même désordre que lui.

Condé rit beaucoup, dit-on, de cette naïveté et de l'aventure.

Quand le Maréchal eut rejoint les siens, il était de si mauvaise humeur qu'il ne discontinuait pas ses plaintes et ses accusations. Turenne fut patient. « Le pauvre Maréchal est si affligé, disait-il, qu'il doit lui être permis de se plaindre. »

Mais, plus justes à l'égard de M. de Turenne, la régente Anne d'Autriche et Mazarin l'accueillaient comme un sauveur.
— « Monsieur le Maréchal, disait la reine, vous avez sauvé l'État. Sans vous il n'y aurait pas une ville qui n'eut fermé ses portes au Roi. »

Il est certain que si Condé avait pu poursuivre sa route avec son armée victorieuse, sans être arrêté par Turenne auquel il fut obligé de faire face, c'en était fait de la Cour qui, eu égard aux circonstances, tombait à sa merci.

Pourquoi Condé laissait-il debout son rival et ne chercha-t-il pas à l'atteindre, le lendemain de Bléneau, alors qu'il pouvait avec ses troupes refaites et supérieures en nombre l'écraser près de Gien ?

Pourquoi revint-il à Châtillon, cédant aux sollicitations de ceux qui le rappelaient à Paris et renonçait-il à ces hautes visées politiques qu'on lui prêtait alors?

Nous laissons à l'Histoire le soin d'en discuter les causes et d'en apprécier les motifs, n'ayant eu pour but modeste que de raconter les péripéties d'un combat dont les conséquences furent bien plus importantes que cette simple action militaire. Mais ce fait a eu lieu en plein cœur de la Puisaye et il tient assurément sa place dans les souvenirs les plus intéressants du pays. C'est pourquoi nous nous sommes plu à le rapporter tel qu'il se serait exactement passé d'après les mémoires du temps.

PIÈCE ANNEXE

Lettre du Prince de Condé à Mademoiselle de Montpensier (1)

Châtillon-sur-Loing, 8 Avril 1652.

MADEMOISELLE,

Je reçois tant de nouvelles marques de vos bontés que je n'ai point de paroles pour vous en remercier ; seulement vous assurerai-je qu'il n'y a rien au monde que je ne fasse pour votre service ; faites-moi l'honneur d'en être persuadé et de faire un fondement certain là-dessus. J'eus avant-hier avis que l'armée mazarine avait passé la rivière et s'était séparée en plusieurs quartiers. Je résolus à l'heure même de l'aller attaquer dans ses quartiers ; cela me réussit si bien que je tombai dans leurs premiers quartiers avant qu'ils en eussent eu avis ; j'enlevai trois régiments de dragons d'abord et puis je marchai au quartier général d'Hocquincourt que j'enlevai aussi. Il y eut un peu de résistance ; mais enfin tout fut mis en déroute ; nous les suivîmes trois heures après lesquelles nous allâmes à M. de Turenne ; mais nous le retrouvâmes posté si avantageusement et nos gens si las de la grande traite et si chargés de butin qu'ils avaient fait que nous ne crûmes pas devoir l'attaquer dans un poste si avantageux. Cela se passa en coups de canon ; enfin il se retira. Toutes les troupes d'Hocquincourt ont été en déroute ; tout le bagage pris ; et le butin va à deux ou trois mille chevaux, quantité de prisonniers, leurs munitions de guerre. M. de Nemours y a fait des merveilles et a été blessé d'un coup de pistolet au haut de la hanche qui n'est pas dangereux. M. de Beaufort y a eu un cheval de tué et y a fort bien fait ; M. de La Rochefoucault très bien. Clinchamp, Tavannes, Vallon de même et tous les autres maréchaux de camp ; Maré est blessé d'un coup de canon. Hors cela nous n'avons pas perdu trente hommes.

Je crois que vous serez bien aise de cette nouvelle et que vous ne douterez pas que je ne sois,

Mademoiselle,
Votre très humble et très obéissant serviteur,
LOUIS DE BOURBON.

---

(1) La lettre est adressée à Orléans où était alors Mademoiselle de Montpensier.

LA CHASSE ROYALE

A SAINT-FARGEAU

(en 1654)

> Je me suis arresté à ce qu'a dit le grand
> et sage Roy Salomon : « Que toutes choses
> « qui sont souz le soleil, ne sont que frivole
> « vanité d'autant qu'il n'y a science, ny art,
> « qui puisse allonger la vie plus que ne le
> « permet le cours de la nature. Pour ce,
> « m'a-t-il semblé, Sire, que meilleure science
> « que nous pouvons apprendre (après la
> « crainte de Dieu) est de nous tenir et en-
> « tretenir joyeux en en usant d'honnestes et
> « vertueux exercices entre lesquels je n'ay
> « trouvé aucun plus noble et plus recom-
> « mandable que l'art de la vénerie..... »
>
> JACQUES DU FOUILLOUX.
> *(Epitre au roi Charles IX).*

FATIGUÉE des intrigues, vaincue dans la Fronde, quasi brouillée avec S. A. R. le Prince d'Orléans, son père, Mademoiselle, la grande MADEMOISELLE, en était réduite à l'exil de Saint-Fargeau. Elle y partageait son temps entre ses Mémoires qu'elle prenait soin d'écrire, la petite cour de visiteurs qu'elle y attirait et les soirées de comédie qu'elle donnait souvent pendant la mauvaise saison. C'était, en réalité, une personne d'un caractère assez fantasque, à qui il fallait toujours du nouveau et de l'extraordinaire. Elle avait peu de jugement, mais aussi hardie d'esprit et de cœur que son père était timide, elle avait saisi avec transport l'occasion de rivaliser d'exploits chevaleresques avec Madame de Langueville et la Princesse de Condé. Elle visait à épouser le Roi, mais ses espérances devaient être déçues.

N'ayant pas encore songé, pour occuper ses loisirs dans ce pays *si sauvage*, disait-elle, aux agréments extérieurs en rapport avec ses goûts et ses allures princières, elle s'était adonnée aux pures distractions intellectuelles, de concert avec son inséparable amie, Madame de Frontenac (1). Toutes deux s'étaient improvisées auteur. La *Vie de Madame de Fouquerolles* et *Une lettre du Royaume de la lune* furent leurs débuts littéraires et ces pages, où l'on s'amusa à faire du bel esprit et force satyre, s'imprimaient secrètement dans le réduit le plus ignoré du château. Ce goût pour la littérature, cette conversation transcrite était un genre alors fort en vogue, et brillait de tout son éclat dans cette société d'élite, où régnaient tour à tour Henriette d'Angleterre, l'étincelante Madame de Montespan, Mesdames de Lafayette, de Motteville et de la Suze, la duchesse de Nemours et Madame Deshoulières et celle qui personnifia si bien le genre épistolaire, Madame la marquise de Sévigné.

Mademoiselle de Montpensier voulut prendre rang dans cette Académie gracieuse ; mais on avait tant écrit qu'on était las d'écrire, et déjà se trouvait-elle en quête de quelque nouveau passe-temps capable de rompre la monotonie d'une existence trop calme pour son exhubérante nature. Fort à

---

(1) Dont s'éprit le duc de Matha.

propos, elle fut prise d'une passion subite, non pas pour un noble et illustre seigneur car « elle avait toujours eu grande aversion pour l'amour, même pour celui qui allait au légitime, tant cette chose lui paraissait indigne d'une âme bien faite », mais d'une passion des plus ardentes pour la chasse. Dès lors, on ne parlait plus que des équipages de la vénerie royale dont on quêtait sans cesse des nouvelles. Il n'était plus question que des hallalis du Prince d'Orléans dans les forêts de Blois ou de Chambord, des meutes du Prince de Condé qui excellaient entre toutes à Chantilly. Enfin, elle se tenait au courant de tous les équipages de France et n'avait plus souci que de se monter elle-même merveilleusement en chiens et en chevaux. « Il m'arriva, écrit-elle dans ses Mémoires, la meute que j'avais envoyé quérir en Angleterre et force chevaux. Je me mis à chasser trois fois la semaine, à quoi je prenais un grand divertissement. Le pays est fort beau pour la chasse auprès de Saint-Fargeau et fort commode pour les chiens anglais qui, pour l'ordinaire, vont trop vite pour des femmes... Je les suivais parfaitement (1). »

Cette idée fantaisiste de se transformer en Diane chasseresse a mis Mademoiselle en joyeuse humeur et elle ne rêve plus qu'embellir Saint-Fargeau. A l'intérieur, les galeries seront garnies des portraits de ses ancêtres. Mille détails d'arrangements et de décorations préoccupent ses loisirs, car elle veut beaucoup et grandement recevoir. Au dehors, elle désire donner à sa demeure une importance digne de sa qualité. C'est pourquoi Levau devra venir de Paris pour tracer de nouveaux plans, tailler un parc, construire encore. Tout au

---

(1) *Mémoires de Mademoiselle de Montpensier*, liv. II, p. 297.

moins souhaite-t-elle de rajeunir les vieux bâtiments et ces grosses tours dignes de la Bastille dont jadis l'argentier de Charles VII avait su se contenter. Or, en ce temps là, un surintendant des finances ne se livrait pas aux mêmes prodigalités que ceux de Louis XIV à Vaux-Praslin. Aussi Mademoiselle disait-elle plaisamment qu'elle eût souhaité qu'il en eut été ainsi, car elle n'eut pas été obligée à dépenser depuis tant d'argent.

Mais, Jacques Cœur avait d'autres soucis que d'arranger sa demeure. Disgracié, condamné, voyant son bien décrété, il eut la douleur cruelle de laisser vendre Saint-Fargeau au Grand Maître de France. Et, comme le bruit avait couru, au temps de Louis XI, qu'on s'était prévalu de la condamnation de l'argentier pour acquérir son bien à vil prix, Antoine de Chabannes le paya une seconde fois, afin de faire taire ces reproches. Les pièces authentiques de cette seconde acquisition furent trouvées par Mademoiselle dans le trésor de Saint-Fargeau, ce qui la mit en grande joie en lui enlevant tout scrupule sur l'origine de son nouveau domaine (1).

Déjà l'automne a jauni les feuilles et les dessous de bois commencent à s'éclaircir. Bientôt les grands halliers de la Puisaye vont gaiement tressaillir aux sonneries bruyantes des fanfares et aux cris de meute mêlés à la voix stridente des piqueux.

Saint-Fargeau ne sera plus le sévère domaine de Jacques Cœur, mais un séjour plein de vie, de charme et d'entrain.

---

(1) *Histoire de Saint-Fargeau*, par M. Chailloux des Barres et par M. Dey (d'Auxerre).

Nous sommes en 1654, au début de novembre. Depuis quelques jours, c'est un va-et-vient plus extraordinaire d'invités au château. On est en plein mouvement de chasse et dans une série de préoccupations charmantes, tout s'apprête à fêter demain la Saint-Hubert.

Entrons au château et jetons un furtif coup d'œil sur ce rendez-vous princier.

De la tour de l'horloge sous laquelle on passe, nous montons par une rampe qui oblique à droite et mène au devant d'un portail monumental à pont-levis et passerelle de piétons. A droite, nous laissons les bâtiments des communs et des chenils. On éprouve au premier abord une impression sévère. C'est bien l'aspect qu'offrent les appareils de défense du Moyen âge, avec cette entrée basse, resserrée entre deux énormes tours féodales fendues de meurtrières et surmontées d'un lourd toit en cône que termine un léger campanile exagérément élevé. L'apparence massive de ces tours se manifeste d'autant plus à l'œil que la moitié de leur élévation plonge dans les larges fossés à sec, qui servent d'enceinte. Cette épaisse construction en brique remonte vraisemblablement à l'époque d'Héribert, possesseur du siège épiscopal d'Auxerre qui, au IXe siècle, fit construire, à Saint-Fargeau comme à Toucy, deux forteresses pour ses rendez-vous de chasse, sous prétexte de protéger le pays.

Pour pénétrer dans la cour intérieure, il faut traverser un portique étroit et peu élevé du même âge que les tours et le portail. Au-dessus de la tête, on aperçoit la large baie d'un assommoir percée au centre de cette sombre voûte. Puis, à la sortie, le regard éprouve quelque chose d'insolite qu'il est difficile d'analyser tout d'abord. Quatre façades d'inégales longueurs encadrent une cour de forme géométrique irrégulière, c'est-à-dire plus étroite d'un côté que de l'autre, en sorte que les murs, deux à deux, ne sont pas en lignes parallèles. Trois de ces bâtiments sont destinés à l'habitation, le quatrième surmonté d'une terrasse servant d'orangerie (1), et, bien que les premiers n'aient qu'un étage d'une grande hauteur, ils sont eux-mêmes à une certaine élévation du sol. Enfin, entre les fenêtres garnies de balustrades à jour et munies de cintres au sommet, apparaissent dans une série d'arceaux simulés, des trumeaux sculptés en losange, représentant alternativement ou le chiffre entrelacé de Mademoiselle d'Orléans (A. M. L. O.), ou les écussons aux armes de France avec palmes pour support.

Si nous jetons les regards vers les toits à pans brisés, nous remarquerons des œils-de-bœuf en saillie, que l'architecte Levau imita de Mansard, et dans les angles, nous verrons émergeant comme des clochers le haut des quatre tours dont une porte l'horloge.

Pour compléter cette description, signalons sur la gauche, entre la deuxième et troisième façade, un magnifique portique à trois arcades recouvert d'un dôme byzantin. Au fond se voit la porte qui introduit dans la chapelle; à droite, s'ouvre la galerie qui sert de salle de spectacle. Pour y accéder, on monte par un vaste degré de vingt et une marches dont la saillie fait un tiers de cercle dans la cour d'honneur du château.

Presque vis-à-vis le débouché du portail de la Cour est une issue en forme de tunnel qui traverse le bâtiment au-dessous

---

(1) L'auteur se reporte au temps de Mademoiselle de Montpensier et décrit le château, le parc et entourage tels qu'ils existaient alors.

de la galerie et conduit sur une immense terrasse terminée à chaque extrémité par un rond-point.

Mademoiselle de Montpensier raconte elle-même toutes les difficultés matérielles de ces travaux, qu'elle fit exécuter peu de temps après son arrivée à Saint-Fargeau. Il fallut, dit-elle, remuer et amener des masses considérables de terre pour combler des trous énormes. Cette terrasse d'ailleurs est du plus bel effet (1); de là, une vue charmante s'étend à gauche sur une longue pièce d'eau, et plus loin, vers les coteaux pittoresques que la nature a placés avec tant de grâce sur les rives du Bourdon; puis le regard va se perdre dans le vague lointain des bois. Ici, tout près de l'étang, de forme gracieuse et fuyante, coule le petit ruisseau du même nom avec des eaux vives qui s'en vont capricieusement, à travers les vernes et les saules, au fond de la riante vallée. Sur la droite descendent des tapis de verdure, découpés çà et là, géométriquement, par des massifs à angles aigus, que bornent d'immenses socles en marbre blanc, surmontés de statues ou de sujets mythologiques. Enfin, en arrière, l'on voit la petite ville de Saint-Fargeau, sa belle église à trois nefs, mélange un peu confus du XIIIe et du XVe siècle, la jolie tour du beffroi et la vieille maison du baillage.

Et maintenant soyons plus indiscrets et pénétrons dans les brillants appartements de réception de Mademoiselle, nous mêlant à cette société qui l'entoure, élégante, polie, intelligente et fière, parfois trop galante et frivole, mais enthousiaste de gloire militaire, d'amour, de littérature et d'arts.

---

(1) Ces dispositions ont été totalement modifiées par Lepeltier de Saint-Fargeau et le marquis de Boisgelin. Déjà fort belles du temps de Mademoiselle, elles ont reçu néanmoins un cachet plus grandiose encore.

Quelle est cette femme d'une distinction superbe qui captive les plus gracieux sourires et que viennent saluer tour à tour le vieux marquis de Gamache, l'aimable comte de Fiesque et le beau duc de Candale ? C'est Madame de Sévigné, qu'on appelle alors Sévigny, c'est la belle, la séduisante marquise, qui reçut de Montreuil ce gracieux madrigal :

> Sévigny, vos yeux pleins d'attraits
> Éblouissent les nôtres,
> Et quand l'amour n'a plus de traits
> Il emprunte les vôtres.

Ici papillonnent autour de Mesdemoiselles d'Harcourt, de Pienne et d'Aumale les pimpants chevaliers de Béthune et de Brigneuil. Là, Segrais, gentilhomme ordinaire, ministre, poète de Mademoiselle, raconte avec originalité les nouvelles qu'il a reçues de la Cour. Sa figure est épanouie, heureuse, il est en veine, poétique, douce, fluide, amoureuse, et demain il rédigera ses amours dans les *Divertissements de la princesse Aurélie*.

Voici venir l'adorable marquise de Monglat (1), nonchalamment appuyée d'une main étincelante de topazes et d'émeraudes sur la blanche épaule de la comtesse de Maure ; toutes deux au délicieux visage sous leur artistique coiffure, enjouées, folâtres, vives, étourdies, fines, captivantes. Elles sourient au passage aux marquis de Préfontaine et de Guerchy.

Et ces ravissantes jeunes filles, groupées comme une corbeille de fleurs dans la baie de cette large fenêtre, ce sont Mesdemoiselles d'Outrelaise, de Vaudy, de Vertus (2) et Des-

---

(1) « Dont la voix s'égalait aux doux chants des sirènes. »
SEGRAIS.

(2) « Dont toutes les vertus ont le grand cœur orné,
« A qui, jusqu'à leur nom, elles ont tout donné... »
SEGRAIS.

marais, auxquelles un jeune charmeur, le trop joli comte de Charny (1), enfant gâté s'il en fut, est en train de faire la cour. Il se dandine ou se cambre fatement en leur contant mille petites bleuettes; mais, comme il est amusant, gentil et bon enfant, on lui pardonne tout, même d'être un peu poseur.

Au fond de la galerie, assis sur un vaste divan au-dessous d'un élégant cartel, les comtes de Hollac et de La Tour devisent avec l'excentrique comtesse de Thianges, tandis que près du foyer, l'irascible marquis de Frontenac, fort spirituel au demeurant et très divertissant, s'emporte comme une soupe au lait dans une discussion de vénerie. Le comte de Menou, qui lui tient tête d'une façon aussi loquace que savante, n'en veut point démordre pendant que le fougueux Marquis, la mine rubiconde et les yeux courroucés, taquine d'une main les canons de sa perruque et secoue de l'autre son proéminent jabot de dentelles. Un instant, l'on put craindre qu'entre gens de dague et d'épée aussi vifs et passionnés de langage, une affaire d'honneur sortirait pour conclure; (car on était fort chatouilleux en ce temps-là et prompt surtout à vider le différend). Mais, sans nullement suspecter l'indéniable bravoure de nos deux gentilshommes, c'eut été pour l'instant grandement les méconnaître. Quant à Frontenac, il se tenait en tel chapitre à son diapason habituel et son interlocuteur de Menou, qui connaissait à fond son panier, prenait un malin plaisir à faire endiabler son meilleur ami.

Mademoiselle d'Orléans, pour qui ce secret n'avait rien de caché, riait infiniment de l'aventure et, sans crainte d'intervenir aussi délicatement qu'elle était souveraine, demanda

---

(1) Le comte de Charny était le frère naturel de Mademoiselle de Montpensier.

grâce à nos amusants mais trop bruyants querelleurs, lesquels d'ailleurs s'inclinèrent profondément à son approche en lui baisant respectueusement la main.

Fort à propos les jolies marquises d'Alet et d'Estrades venaient d'ouvrir la table de l'épinette et commençaient un prélude des plus récentes sonates de Mozart. Le silence se fit et on écoutait.

Que citer encore au hasard parmi cette société d'élite, aux belles et grandes manières d'autrefois? N'oublions pas l'aimable et spirituelle Princesse de Courtenay-Chevillon ; c'est presque une des chères voisines de Saint-Fargeau et assurément une des plus choyées. Que dire de cette petite comtesse de Fiesque, aussi passionnément aimée de Mademoiselle que la Comtesse, sa mère, fut peu regrettée? Mais je n'en finirais pas. C'est en tout une réunion de gentilshommes qui ont leurs preuves chevaleresques et qui ont le droit de porter crânement leur inséparable épée. C'est aussi le rendez-vous des plus gracieuses, des plus charmantes, des plus coquettes, des plus spirituelles femmes de la Cour.

— Messieurs, dit le comte d'Arrêts de La Tour, écuyer et maître d'équipage de Mademoiselle, si vous l'agréez ainsi, pendant que ces dames décideront de quelle manière on finira la soirée, nous passerons dans le vestibule pour régler les dispositions de la chasse de demain.

Comme il s'agissait d'organiser le grand jour de Saint-Hubert, on répondit à cette invitation, en suivant M. de La Tour par la double porte de côté, que deux maîtres d'hôtel ouvrirent à deux battants.

Le chef de meute et quatre premiers piqueux, tous en costume et le chapeau à la main les attendaient et se tenaient aux ordres.

— Eh bien! La Broussaille, dit M. de La Tour, aurons-nous une belle journée demain?

— Je le crois, Monsieur le Comte, répondit respectueusement le vieux piqueux, car le temps paraît vouloir se rafraîchir.

— Quel est le résultat de votre tournée d'aujourd'hui?

— J'ai connaissance de plusieurs animaux; en premier lieu, d'une harde de sangliers que La Brisée a travaillée dans les bois du Patouillat où ils baugent tout près de la vente, qui longe l'étang du Guidelou; secondement, d'une quatrième tête hardée de biches aux bois des Guiblins; puis, troisièmement, d'un vieux cerf que j'ai vu par corps aux taillis des Charmes, où il se recèle depuis peu de jours, au dire des gardes qui hantent ces parages.

Après ces quelques renseignements sommaires, comme il convient à un bon chef d'état-major, La Broussaille n'avait plus qu'à recevoir ses instructions, précises et laconiques, ainsi qu'il est non moins important en pareil cas.

— Messieurs, à vous de choisir, dit aimablement M. de La Tour en se tournant vers eux.

— Nous sommes, par ma foi, ravis d'un tel bilan, dit le comte de Hollac; mais il me semble que ce serait d'une haute inconvenance pour saint Hubert que de ne pas chasser demain ce que nous avons *de plus cerf*, et je crois être l'écho de toutes les voix en optant pour attaquer le dix-cors, qu'en pensez-vous?

Quand le comte de Hollac émettait un avis en matière de chasse, c'était absolument comme lorsque le vieux duc de Richelieu avait décidé qu'une femme était jolie. Il fut donc entendu que l'on donnerait le rendez-vous à Boutissaint et que là, on attendrait en déjeunant le rapport sur les voies de la nuit et le rembûcher du matin.

Mais il se fait tard, Segrais a mis le nez à la fenêtre de la tour qu'il habite. La lune et le firmament étoilé éclairent de leurs pâles rayons les eaux argentées du Bourdon, tandis que les ombres tranchantes des grands bois s'étendent longuement sur la vallée qui dort.

Le poète rêvera bergers et bergères et demain soir contera fleurette à la petite Cour attentive.

Quels sont ces bruyants accords qui, dès l'aurore, font tressaillir le château qui sommeille, et auxquels répond l'étourdissant vacarme des chenils? C'est la fanfare de Saint-Hubert que les trompes d'équipage envoient aux échos d'alentour.

Sur l'ordre de Son Altesse, tout le monde a été prévenu de faire diligence pour se rendre à la première heure à la chapelle où l'abbé dira la messe (1).

Dans la cour d'honneur du château voici déjà qu'on amène la vénerie, cent soixante-cinq chiens d'équipages, divisés en trois meutes, pour cerf, chevreuil et sanglier. Ils sont *bardés* par catégorie, anglais, poitevins, grands chiens Saint-Hubert et de Saintonge, et tous sont rangés et maintenus sous le fouet, en demi-cercle, au bas des marches vis-à-vis la porte de la chapelle qu'on a tenue grande ouverte.

Derrière la meute est une armée de valets de limiers, puis une quantité de pages d'écurie, tenant les chevaux en main. Sur les degrés sont échelonnés en un double rang la série des piqueux, la tête respectueusement découverte, ayant sur le bras tendu la grande trompe, prête à sonner au signal du maître.

---

(1) Le 21 avril 1499, Jean comte de Chabannes a fondé en l'église de Saint-Fargeau des messes en l'honneur de saint Hubert, moyennant une rente de 32 livres.

L'autel est resplendissant, éblouissant de lumières qui sortent d'épais branchages entrelacés avec des cors et d'énormes ramures. C'est d'un effet original et la décoration est tout-à-fait de circonstance.

Enfin huit heures sonnent au timbre de l'horloge de la tour. Les cloches du château s'ébranlent à toute volée et chacun s'empresse d'accourir pour prendre place au sanctuaire et dans le chœur, afin d'assister à la cérémonie religieuse qui, à juste titre, doit préluder à la journée.

Voici le prêtre qui sort de la sacristie et s'avance revêtu de ses plus beaux ornements d'église et précédé de deux premiers valets de chasse, en grande tenue, la trompe en sautoir et le couteau pendu au ceinturon.

Après s'être prosterné au pied de l'autel, l'abbé se relève gravement, prend le goupillon et se retourne pour asperger d'eau bénite l'assistance ; puis, d'un pas solennel il s'en vient jusqu'à la sortie, sous le portique, escorté de tous les veneurs ; car c'est le moment de la bénédiction des chiens.

En cet instant les *tayautés* les plus vibrants retentissent. Tout le monde s'agenouille, tandis que la meute exprime sa reconnaissance et sa joie par des hurlements formidables; que saint Hubert entend certainement du Paradis.

Aussitôt que l'office commence, les trompes donnent en harmonie ces premiers *tons* graves qui préludent si majestueusement à la musique si grandiose et étrange de cette messe de Saint-Hubert. Tout impressionne dans cette cérémonie, d'aussi antique que respectable usage, et la noble assistance rehausse encore l'éclat de cette solennité; car les veneurs ont revêtu leur plus beau costume d'apparat. Quelques-uns portent au côté, avec le fouet, la longue dague de l'époque, suspendue à la bandoulière de vénerie, tressée d'or et d'argent; d'autres ont l'épée. Les parements et les revers de leurs larges basques d'habit, couleur chamois, sont d'un bleu pâle de roi et richement galonnés sur les bords. Ils tiennent sous le bras le vaste feutre gris au grand panache d'autruche et leurs grandes bottes de cuir jaune fortement éperonnées, laissent rabattre le haut de leur tige, plissée et évasée, découvrant leurs jambes culottées de peau de daim.

Quant à ces dames, du moins celles qui désirent suivre à cheval, elles ont, en guise de coiffure, une toque en fourrure de loutre avec aigrette et longue plume de faisan, ce qui leur sied à ravir et fait fureur parmi elles, depuis que la mode en a été rapportée des équipages du prince de Condé par la comtesse de Sully. Pour amazones, elles ont de longues jupes de velours bleu, vert ou cramoisi, qu'elles relèvent négligemment sur le bras ou abandonnent à terre comme de belles traînes de princesse, et leur justaucorps de drap blanc, garni de brandebourgs d'or et de galons de vénerie, porte le bouton de l'équipage.

Mais, nous voici à l'Élévation. La petite clochette a tinté, et les trompes, quittant leur rhythme grave et lent, enlèvent bruyamment la sonnerie *des Honneurs*, de même qu'on entend sonner au champ par les trompettes du Roy ; moment solennel pour tous, émouvant et grandiose.

C'est l'*Hosanna*, l'invocation sublime de la vénerie française au Dieu tout puissant qui permit à l'homme les émotions infinies, le sentiment passionné du chasseur. A lui tout hommage ! à lui tout honneur et toute gloire ! Et, devant sa Majesté divine, chacun pénétré de reconnaissance et d'adoration s'incline et se prosterne en suppliant saint Hubert d'intercéder pour nous : « *O ! grand Sainct et bien âmé*

Patró, ès moult liesse & encor moult peine ès lart de chacer, aysde & béni les dévosts côpagnôs. »

Dès que la messe est finie, le premier maître d'hôtel du château, l'épée au côté, se tient sur la terrasse du perron et donne les ordres pour faire avancer les attelages.

Trois carrosses aux larges caisses, suspendues aux crosses relevées d'un train long et pesant, s'approchent en première ligne pour recueillir leur élégant fardeau. Des laquais aux queues poudrées, en livrée grise, galonnée d'argent et culotte ponceau, se précipitent pour ouvrir les portières, timbrées à l'écu de France. Après avoir prestement rabattu de volumineux marchepieds, ils attendent immobiles comme des statues.

C'est un premier départ. Chaque maître automédon, assis sur son vaste siège à tapis frangé et marqué au chiffre royal, guette le signal, avant d'ébranler, d'un coup de chambrière, ses quatre vigoureux chevaux de Flandre.

Arrivent à la suite quelques voitures plus légères qui devront accompagner la chasse en forêt. Elles sont attelées de forts carrossiers Normands aux robes diverses, bien appareillées ou alternées en damier. Les harnachements sont brillants et rehaussent encore l'éclat de tout cet appareil.

Le vieux et excellent marquis de Gamache, perclus de rhumatismes gagnés à la chasse non moins qu'à l'armée, en souffre cruellement, mais il s'en console, disant que ce sont des blessures prises au champ d'honneur. C'est encore un veneur enragé, dont la jeunesse a été une suite *bien allés*, l'âge mûr une série de *défauts* et sur *les retours* un *ballali roulant*, car il ne court même plus à cheval et se fait porter en ce moment dans un élégant cabriolet attelé de deux ravissants pur-sangs anglais, placés *en tandem*. On lui passe son inséparable trompe, car il mourra sûrement en sonnant un *requêté* à ses chiens, puis on lui remet les rênes de ses *backs* nerveux qui piaffent, pointent et s'impatientent. Finalement, sentant la main expérimentée qui les tient, ils partent sagement aux belles allures, à la suite du long cortège qui disparaît bientôt dans les brumes du matin.

Cette fraîcheur matinale fait exhaler des bois un parfum délicieux, qui remplit de bien-être les poitrines haletantes de ces senteurs enivrantes de feuilles sèches, surtout aux abords de la chênaie ou en passant près des pins.

Pour celui que la forêt captive, qui sait comprendre et apprécier ce qu'elle a de profondeurs mystérieuses, de solennel silence, de pittoresque gracieux ou de sauvage, d'émotions infinies et imprévues, de frayeurs ou de joies, il goûtera passionnément ce qu'il y a de poésie pleine de charmes à se sentir au milieu de ces bois, surtout comme aujourd'hui, par une belle matinée d'automne, lorsque les premiers rayons de l'aurore jouent à percer les ombres attardées de la nuit ou même récalcitrantes à travers la futaie.

Sur la route, les attelages rencontrent la file des chevaux de chasse qu'on emmène en main au rendez-vous. Tous sont richement caparaçonnés de leur grande selle aux larges panneaux de velours de couleurs variées. Dans cette bande, où dominent les chevaux d'Artois et de Flandre, si appréciés depuis la guerre aux Pays-Bas, on distingue cependant quelques beaux spécimens de nivernais à l'œil énergique et aux membres nerveux et forts. Mais, entre tous, on remarque un magnifique hollandais aux crins soyeux et d'un blan d'albâtre. Le page qui le tient a peine à le contenir, car le fougueux animal fait claquer son mors et bondit de gaieté sous son splendide harnachement. Chacun déjà a reconnu le favori de Mademoiselle. C'est le prince de Condé qui lui a fait ce présent; il montait ce cheval à Bléneau.

Dans la cour du vieux château de Boutissaint, antique manoir s'il en fut, sont dressées çà et là des petites tables élégamment servies, couvertes des plus succulentes victuailles de pâtés, faisandeaux et gibiers de toutes sortes. Puis, par une attention délicate pour ceux qui préfèrent cette installation plus champêtre et plus *vénerie*, selon le terme usité, on a mis, sous les grands arbres de l'entrée, des petites nappes blanches, carrées, garnies elles-mêmes des plus fins cristaux, d'une étincelante vaisselle d'argent, d'un superbe service de Sèvres, marqué d'une tête de cerf au cimier de croix rayonnante portant en exergue : *Sancto Huberto fideles.*

Comme on le voit, le grand intendant de Mademoiselle, Monsieur de la Guérinière, a très bien fait les choses et chacun, avide d'être à si bon repas, se hâte d'organiser son quadrille de table avec toutes sortes de prévenances, de galanterie et de gaieté ; puis on *festoye* en belle humeur et plein d'appétit, car on s'est levé dès l'aube et il est temps de se réconforter aux délicieux *harnois de bouche* que recommande ce bon Du Fouilloux, à part cette différence qu'il y a mieux ici que les saucissons et les cervelas qu'il savourait de son temps.

Quant aux vins, de l'avis unanime, ils étaient vieux et exquis; mais, voilà qu'au milieu des rires et des plaisanteries de bon aloi, déjà quelques jeunes têtes s'échauffent, et c'est au quartier général des célibataires endurcis que des paroles vives s'échangent avec un jeune damoiseau très fat et maniéré qui, s'étant levé de sa place, posait depuis un instant devant

3

ses anciens en plus malin connaisseur de vénerie. Ce qui avait fini par tellement exaspérer Monsieur de La Tour, qu'il apostropha le pédant en ces termes : — « Eh! eh! Monsieur le petit maître, seriez-vous donc de cette espèce de gens poudrés et sentant le musc, à qui beaucoup de fadaises tiennent lieu d'esprit, qui ne viennent au rendez-vous que pour goûter à bon festin et qui ne frappent à la brisée qu'en faisant des sauts de moutons ?... Je n'aime pas les petits docteurs qui croient en savoir assez pour se permettre de faire enrager ceux qui en savent plus que vous. A parler franchement, si vous n'êtes venu ici que pour faire votre sotte critique, mieux vous fallait garder le coin du feu. »

Piqué au vif, le gentilhomme se fend d'un pas en arrière, et portant la main à l'épée, il allait demander sur l'heure réparation de l'insulte, quand un mouvement général détourna l'attention. Le comte de Hollac se levait de table, et tenant haut son verre, commençait son *toast* en ces termes : « Je serai l'interprète de tous, en portant la santé de nos belles, de nos aimables, de nos gracieuses, de nos intrépides chasseresses, et je veux avec elles et avec vous, Messeigneurs, saluer de nos vœux les plus chers et de nos accents les plus reconnaissants, la plus royale des princesses, Son Altesse Sérénissime Mademoiselle d'Orléans... Et je bois, en ce jour particulièrement solennel, à la gloire immortelle de notre *Bienheureux Patron!* (1) (Bravos prolongés.) ... à saint Héribert, qui... — Allons, bon! interrompt M. de Frontenac, voilà que vous confondez saint Hubert avec ce farceur de fils naturel de Pépin.

---

(1) On trouve dans les vieux missels d'Auxerre une messe où dans les oraisons saint Hubert est qualifié de « Bienheureux Patron », ce qui nous prouve combien nos ancêtres étaient grands et dévots chasseurs.

— ... à Héribert, veux-je dire, poursuit M. de Hollac, qui, dès le ixᵉ siècle de notre histoire, précéda nos hallalis dans ces splendides forêts de la Puisaye. Je bois aux nobles comtes de Champagne... — Assez, mon cher, cria le duc de Matha, buvons le champagne et laissez là vos contes.

Des applaudissements enthousiastes eurent bientôt clos ce discours.

— Puisque vous êtes si bien des nôtres, mon cher Comte de Hollac, dit Mademoiselle, qui s'approchait pour accepter le bras que celui-ci lui offrait, que ne venez-vous toujours chasser avec nous en Puisaye ?

— Je le souhaiterais d'autant plus volontiers, charmante Altesse, que noblesse oblige et ma devise est « *A cri Puisaye, partout j'en suis* » mais, je vais au régiment de Condé et le Prince compte sur moi.

Et le Cardinal en est fort jaloux, dit-on. Oh ! vous n'êtes pas en voie, ce me semble, de vous réconcilier avec la Cour !

— Comme vous le voyez, Altesse ; du moins, pas encore.

— Je vous garderai fidèle, M. de Hollac ; je n'en saurais douter...

Ah ! tenez !.. n'est-ce pas mon chef d'équipage qui revient du bois avec ses valets de limiers ? Et voici M. de la Tour qui confère avec eux. Voyons si nous allons chasser ?

Durant ce petit colloque, les clameurs qui avaient terminé le *lunch* s'étaient subitement apaisées et par un changement de décor imprévu, tout le monde prêtait l'oreille aux sons mélodieux d'un violon enchanteur. D'où venait cette musique étonnante qui tenait sous le charme ? Que marquaient ces pas cadencés, qu'on entendait dans le château et qu'interrompaient de joyeux éclats de rires ?... Ce sont les petits cuisiniers en liesse qui dansent ; et, le virtuose improvisé, c'est... le petit

Baptiste, marmiton au service de Mademoiselle, bientôt l'auteur d'Armide, le célèbre Lulli.

La Broussaille, chapeau bas, s'avance sur un signe de M. de la Tour et fit son rapport en ces termes : « Ou mes yeux et mon chien me trompent, ou je crois pouvoir dire à Son Altesse, ma souveraine Princesse, que j'ai détourné dans l'enceinte du bois des Charmes un cerf, que je juge vieux dix-cors par le pied qu'il a long devant, long et étroit derrière. Il a une connaissance au pied gauche de devant, en dehors, ce qui seul suffirait pour le reconnaître dans le change. Je me suis aperçu qu'il a relevé de mon enceinte et que depuis deux ou trois jours il viande dans la même taille, ce qui me fait croire que c'est un cerf qui se recèle. Il a fait sa nuit dans la taille de quatre ans près l'Étang-Neuf, où, rencontrant ses voies de bon temps, j'ai mis ma brisée. Les vents s'étant rabattus au couchant, il est vraisemblable qu'il tiendra les bois de Beauregard ou le quartier de la Garenne qui, comme le sait son Altesse, ma souveraine, est le plus beau laisser-courre du monde ».

— Qu'en pensez-vous, Monsieur de la Tour, dit Mademoiselle, il est grand temps de prendre nos dispositions de départ.

Puis, s'adressant à tous : Mes belles Dianes, dit-elle, saint Hubert s'est montré galant pour vous ; il vous donne rendez-vous au bois des Charmes. Quant à mes beaux écuyers ; à cheval !... et qui m'aime me suive !... En route pour la Croix-des-Charmes !...

Le carrefour se garnit en un clin d'œil de tous les chevaux qu'on amenait. Chacun vint passer l'inspection préalable de son équipement ; on visite les sangles, les mors de bride, on ajuste les étrivières et les rênes, enfin on s'assure que rien ne fait défaut, car pour les veneurs pratiques, un examen minutieux de ces mille petits détails a son importance capitale avant de fournir une longue course.

Monsieur de la Tour part en tête suivi de La Broussaille, qui commande son peloton de huit piqueux bien montés et alignés sur un double rang. Viennent ensuite, les valets de limiers, aux grandes jambes et longues guêtres bouclées, qui tirent à force de bras tendus sur leurs chiens hardés qui les entraînent. Ces jeunes valets très dégourdis, sont coiffés du lampion qui deviendra sous Louis XV la coiffure en vogue.

Ils portent, les uns la trompe en sautoir, les autres, de simples cornes de cuivre pour appeler. Ainsi accoutrés, ils mènent cent vingt chiens devant eux, car on a réuni pour la circonstance les chiens du vautrait à l'équipage à cerf.

Chemin faisant, M. de la Tour distribue ses relais et les envoie gagner chacun leur poste. Les deux plus importants seront aux Croix-Guiblins et au Bailly.

Enfin, toute la chasse arrive silencieusement pour frapper à la brisée.

Après en avoir pris connaissance et avoir examiné le pied avec soin, les familiers de l'équipage se détachent pour garder l'enceinte. Pendant qu'ils s'espacent le long des allées en bordure, les piqueux entrent au fort avec douze chiens d'attaque et comme la voie est de bon temps, nos rapprocheurs n'hésitent pas à exprimer leur jouissance en donnant quelques premiers coups de voix, qu'on encourage d'ailleurs par des : *Aucoûte laddans !.. aucoûte à Brillador !... aucoûte à Généraux !... lance mes valets, lance là, il dit vrai,* etc., et l'on sonne les premiers *tons de quête* dont le rhythme grave est bien en harmonie avec la prudence que l'on demande en ce moment.

Malgré cela, quatre ou cinq chiens s'étaient écartés du *droit* et se rabattaient sur un fourré, en frétillant de la queue; lorsque tout à coup bondit un jeune daguet, qui se livra presque à vue, et inopinément partit entraînant à sa suite toute l'attaque qui prit vivement dessus à toute gorge, en se collant à la voie.

Que faire?... Quelle malchance!... Quel guignon! Quel dépit!

— Ne sonnez pas? dit La Broussaille, qui s'arrache les cheveux de désespoir.

A ce moment le marquis de Frontenac s'en venait à plein galop par l'allée qui longeait l'enceinte.

— Daguet! criait-il, c'est un daguet qui saute là-bas! Je l'ai vu par corps et j'ai le *vol-c'l'est*.

— Corbleu! nous le savons bien, lui riposte impatienté le comte de Menou.

— C'est enrageant, Messieurs, lamentable vraiment, insiste M. de Langlée, que de laisser courre un jeune cerf quand on a brisé sur un dix-cors, surtout un jour de Saint-Hubert, ne trouvez-vous pas?

— Et que voulez-vous que j'y fasse, dit M. de la Tour, très vexé; voilà trois jours qu'on a connaissance d'un animal seul dans cette enceinte, je ne puis pourtant pas me transformer en émouchet, pour guetter si un daguet viendra se relaiser ici et couper, depuis une heure, nos voies du matin. C'est un animal, qui a été dérangé, sans doute de là-haut, par les bûcherons et qui est entré là tout à l'heure.

— C'est fort croyable, reprend M. de Langlée, mais enfin, on prend ses précautions.

— Ah! vous auriez sans doute voulu que je perche mes valets de chiens au haut des arbres, dit M. de la Tour agacé.

Vous avez lu ça dans Du Fouilloux. Hé bien !... si vous croyez ces bonnes naïvetés..., vous irez loin.

Sur les entrefaites, Mademoiselle de Montpensier arrivait au grand trot de son cheval et, fort mécontente, intimait l'ordre d'arrêter les chiens. Alors ce fut une course effrénée des gens d'équipage, fouet en main, sonnant des retours, criant: *Arrête ! Arrête !* et sautant balises, talus, fossés, défilant un train de *steeple* pour gagner les devants au plus vite et au plus tôt.

Enfin, on arrête les chiens, on les couple et on les ramène pour les rentrer en meute.

La Broussaille n'avait pas attendu si longtemps pour amener une harde de six chiens derrière lui, et, foulant l'enceinte au-dessus de la trace du change, il donnait ses chiens en leur faisant faire sagement un retour en avant. A peine avait-il marché cinquante foulées, que le vieux cerf, qui s'était rasé tout de son long et se croyait dégagé par la chasse partie sur sur l'autre, prenait subitement alarme et claquant ses bois dans le taillis, se mettait debout et vidait son fort.

Cette fois, La Broussaille triomphant sonna *le lancé* suivi de *la Royale*. Aussitôt toutes les trompes répétèrent la reprise.

Tayaut ! Tayaut ! cria-t-on avec enthousiasme. En effet, le cerf venait de sauter la route à quelques pas du rond-point où se tenaient le gros des chasseurs près des voitures. C'était un superbe animal, beau de corsage, très brun et portant haut sa fière ramure.

En hâte, les chiens de meute furent découplés des mains des valets, ils se sauvent à mesure qu'ils sont libres et courent les uns après les autres pour empoigner au plus vite la voie que leur indiquent les *bien allés* et les cris des piqueux.

Au côte-à-la-bâ !... rallie-à-bâ !..., mes beaux !.. A perce ! à perce !..

Et c'est un vacarme étourdissant, une musique pleine d'émotion et d'ivresse, un concert sauvage, si l'on veut, mais délirant pour ceux qui aiment passionnément le mouvement de chasse.

Harcelé, poursuivi par soixante chiens sur ses voies, le cerf cesse de se faire battre dans d'inutiles allées et venues qui ne déconcertent pas ses ennemis acharnés; alors il va prendre un parti, et, après une randonnée aux bois de la Lande, sous une futaie, où les bruits de meute raisonnent comme sous les voûtes d'un édifice, il s'enfonce dans les bois de Beauregard, traverse la route de Saint-Amand, donne dans le relais des Croix-Gibelins qu'on lui lâche, et va gagner Breuillambert, où il tombe dans une harde de biches, dont il se fait compagnie.

Ce bon Monsieur de Langlée qui adore la chasse, mais n'y entendra jamais rien, était un type bien original. Grand, sec, au nez d'aigle garni d'une paire de lunettes gigantesques, le son de voix criard; mais avec cela, très correct, très ponctuel sur la tenue, il était à cheval sur les principes. On lui connaissait une singulière manie. Dans ses larges poches il emportait généralement deux bouquins, d'une part le traité de Robert de Salenoves, de l'autre Phœbus ou Du Fouilloux. En ce moment, pris sans doute de quelque faiblesse de mémoire sur la manière de déharder un cerf, il était arrêté au beau milieu d'un carrefour, consultant des deux mains ses auteurs, lorsque Monsieur de Menou vint à passer près de cette bibliothèque ambulante.

— Ce n'est pourtant pas le moment de chanter les vêpres,

M. de Langlée, dit M. de Menou. Ça file bon train, marchez donc, n'entendez-vous plus les chiens ?

— Si, si, mais... j'ai sous les yeux la loi et les prophètes, et....

— Prophètes de quoi? Prophètes de malheur !... Ce n'est pas le cas, vraiment.

— Non, mais je cherche dans mes différents traités le chapitre intitulé « Des animaux en compagnie. » Car je viens d'entendre sonner *La vue accompagnée*, et il me semble qu'il y aurait quelques précautions à prendre.

— Plaisanterie, mon bon Monsieur de Langlée, laissez donc faire les chiens. Ils sont bien créancés et nous en avons au moins quinze de change. Ce ne sera rien à débrouiller. Les piqueux ont l'œil à cela.

— Je vois décidément qu'à la chasse le mieux est de laisser faire et de ne rien dire.

— C'est tout à fait juste, réplique Monsieur de Menou qui, sur ce mot, s'échappa grand train.

On sonnait le *bat-l'eau* à l'étang du Bourdon. Les veneurs arrivaient en peloton serré, et tout le monde était sous l'influence de cet enivrement qu'on éprouve malgré soi en pareille circonstance, quand on a le feu sacré. Ajoutez à cela un vrai tableau pour un paysagiste. A la queue de l'étang, sous les grands hêtres qui bordent la futaie, se tenaient une foule de cavaliers, aux habits clairs et tranchant sur le sombre des bois. Les brillants costumes des amazones resplendissaient au soleil ainsi que le riche harnachement de leurs chevaux. Sur la gauche, on apercevait, descendant par de grandes avenues, la longue file des attelages, escortés de galants chevaliers, très pimpants, caracolant et galopant aux portières, plus captivés assurément par les charmes de leurs belles compagnes que par les émotions du laisser-courre.

Sur les eaux bordées d'épais ajoncs, s'échappent par milliers des traînées de canards sauvages, épouvantés d'une visite si insolite, et tout en haut, tournoient des bandes de hérons, au vol lourd et majestueux, qui cherchent dans les airs la route qu'ils vont suivre.

Quant à notre animal, il avait fait élection de domicile au beau milieu de l'étang, sur un petit îlot couvert de roseaux. De là, fièrement campé, comme une statue de bronze, il renvoie brutalement à coups de pieds ou d'andouillers, les chiens trop entreprenants qui viennent l'aboyer en nageant. Déjà Volante, une des meilleures lices de l'équipage, expire dans les roseaux. Conquérant et Tintamarre sont décousus. Carillon, Mogador, Télémaque, venus des chenils du duc d'Orléans, sont atteints et perdent le sang à faiblir. Fortunio, Balthazar et Conquête ont le même sort. Cela devient un carnage épouvantable. On tâche de ravoir les chiens, on sonne, on crie, on appelle, rien n'y fait. Les autres, plus tenaces et mordants, veulent venger la défaite des vaincus.

Le cerf s'encourage de sa victoire, il repousse impitoyablement ceux qui l'approchent, tient tête à tous et annonce par cette ferme résistance que c'est un rude animal qui n'est pas prêt de se rendre.

Un dernier assaut est tenté par quelques chiens intrépides qui sont parvenus à attaquer l'animal en abordant l'îlot par derrière ; mais, d'un bond, le dix-cors fait volte-face et d'un coup de tête laboure et balaye la place en se jetant à l'eau pour achever ses victimes. Puis, il regagne son fort.

Le Marquis de Frontenac est au paroxisme de l'exaspération.

Toute la meute y passera, répète-t-il sans cesse, et il galope en désespéré.

D'autre part, Messieurs de Préfontaine et de La Tour, qu'on entendait s'en prendre à tous les diables, accouraient le long de l'étang, suivis de plusieurs hommes d'équipage à la mine décontenancée.

— Mais vous avez donc perdu la tête, leur crie M. de Frontenac. Quand vous aurez appelé toutes les malédictions d'en-haut sur nos têtes, ça ne nous tirera pas de là... Enfin, Messieurs, avez-vous une idée ?..

— J'en avais une, riposte vivement M. de Préfontaine, mais... je ne l'ai plus.

— Expliquez-vous, reprend Frontenac.

— Je dis que nous allions quérir le batelet qui nous servit l'autre jour à chasser la sauvagine... Il est crevé, et au fond de l'eau... C'est fait pour nous ces choses-là... Que je l'attrape le manant qui m'a joué si vilain tour !

— Hé ! Hé ! regardez donc, Frontenac, que se passe-t-il là-bas ! Par ma foi ! on crie à l'aide, on appelle. Vite, accourons.

La Broussaille, qui n'y tenait plus de voir abimer ses chiens, et excité en outre par la présence d'un public aussi connaisseur, n'avait pas hésité à porter son cheval en avant et à entrer lui-même dans l'eau, afin de chercher à faire repartir son cerf et avoir raison de sa funeste bravoure. Il avançait dans l'eau profonde, le fouet élevé d'une main et de l'autre rendant les rênes à son intrépide morvandiau, qui commençait à se débattre au milieu des herbes de l'étang.

Pendant cette périlleuse tentative, les chiens épuisés et rebutés regagnaient la rive où les valets s'empressaient de les reprendre, de les harder et de les tenir en respect.

Soudain le cheval de La Broussaille, qui s'empêtrait de plus en plus dans les herbes flottantes refusa d'avancer. Alors ce fut une lutte terrible entre l'énergique piqueux et la pauvre bête, qui pataugeait dans une eau bourbeuse et noirâtre. Un vigoureux effort parvint à dégager le cheval, mais La Broussaille en fut désarçonné et réduit à prendre la nage. Gêné par sa trompe et ses lourds vêtements, il ne peut se maintenir et bientôt s'épuise en vains efforts. Il appelle du secours, il crie, il s'ébat, il se sent couler. Le malheureux renverse la tête pour reculer l'instant terrible qui le menace, mais il enfonce et disparaît.

— Il est perdu! s'écrient les piqueux, et chacun veut tâcher de lui porter secours.

Les hommes d'équipage se débattent en vain pour pousser dans l'eau leurs chevaux, qui refusent obstinément, et ils font des tentatives désespérées pour sauver l'infortuné camarade d'une mort qui semble inévitable.

On leur dit que ce sera déjà trop d'une victime, mais c'est un affolement général et déjà quelques-uns veulent se jeter à la nage.

Au moment où La Broussaille reparaissait sur l'eau, un bûcheron qui connaissait les fo... de l'étang, était entré dans l'eau jusqu'aux aisselles et lui lance une amarre improvisée avec des couples de chiens et des longes de fouet nouées bout à bout. Secours inutile, La Broussaille pris de vertige ne put la saisir.

Plus avisé, Monsieur d'Harcourt venait de faire couper un long et fort baliveau muni de branches, et aussitôt il faisait lancer ce flotteur, si heureusement qu'il atteignit le piqueux. Nerveusement celui-ci s'y cramponne, et ses mains crispés ne lâchent plus cette planche de salut.

Le morvandiau qui, lui, n'était alors qu'à quelques brasses

de l'îlot, avait trouvé plus simple et plus court de l'aborder. Or, il était en train de sortir paisiblement de l'eau, ne prenant aucun souci du cerf, qui, certes, n'était pas le premier qu'il voyait dans sa vie, et il se secouait vigoureusement de tous ses membres en faisant entendre un hennissement de satisfaction.

Étonné de cet impudent visiteur, le cerf se relance à la nage, abandonnant décidément son fort de combat.

Du rivage on apercevait cette tête superbe, émergeant avec sa magnifique ramure comme une mâture de vaisseau. Mais, le fier dix-cors enhardi par ses victoires, ayant aperçu une forme qui surnage, se dirigeait de ce côté. Un instant, il y eut à craindre un nouveau danger ; lorsque, rencontrant l'extrémité du baliveau, le cerf se détourna, donnant dans les branches un coup sec d'andouillers. Par un hasard singulier, une des branches resta prise dans les chevillures de ses bois, et malgré les secousses de tête qu'il donnait pour se dégager, il entraînait derrière lui la longue gaule suivie de La Broussaille, qui reprenait bientôt pied.

Le voyant hors de péril, tout le monde s'amusa beaucoup de ce nouveau genre de sauvetage. Jamais on n'avait vu un homme tiré de l'eau par un cerf. Quant à ces dames, encore tout émotionnées de cette scène, elles ne cessaient de s'apitoyer sur l'état navrant du brave La Broussaille ; mais elles exaltaient l'animal qui avait su si crânement se défendre et qui, inconsciemment, venait de sauver la vie à qui devait lui donner la mort.

A la sortie de l'eau, avec une allure relevée et triomphante, le cerf reprit les grands bois. Les chiens furent remis sur la voie et l'on sonna des *bien-allés*, à pleine trompe, pour épouvanter l'animal et lui ôter toute velléité de retour à l'étang.

Pendant que la chasse repartait, assez mollement d'ailleurs, comme il arrive toujours après un bat-l'eau, Mademoiselle était venue féliciter La Broussaille et donner des ordres pour qu'il soit convenablement réconforté. Lorsqu'elle vit le nombre des chiens blessés, que les valets pansaient près de l'eau, lavant leurs plaies, recousant les lambeaux de chair pendante, elle fut prise de pitié pour ces pauvres bêtes et elle pria le Comte de La Tour de faire ramasser tous les relais les plus proches, de les amener, de rallier au plus près et au plus tôt.

Précisément la chasse gagnait un mauvais quartier de forêt, rempli de creux énormes d'anciennes carrières et de cavernes fabuleuses en histoires. Aussi le nom lui était-il resté de quartier des Abimes. Les chevaux et les voitures s'engageaient pour lors dans des chemins défoncés et pierreux où l'on suivait péniblement. Tout à coup, ont entendit sonner le *débucher* et ce fut grand émoi ; car il était fort à craindre de perdre la direction de la chasse qui fuyait sous le vent. Fort heureusement l'animal reprenant son contrepied rentra en forêt pour tenter de rejoindre des biches avec lesquelles il n'avait pu se harder à son premier passage. Mais il ne put réussir dans cette ruse, car les bruits de meute et les sonneries des trompes les firent se dérober.

Or, voici que l'on aperçut une pauvre vieille, qui s'était laissée choir avec sa ramée sur le bord du chemin. Elle poussait des cris et des gémissements qui firent croire à plusieurs que c'était sans doute quelque méchante *douée* des Abimes. Elle tendait les bras et les mains et paraissait affolée avec ses yeux hagards et ses cheveux en désordre. On courut vers elle non sans quelque appréhension de sortilège, car la Puisaye est réputée féconde en sorciers et sorcières. Aussi, suivant l'usage du lieu, chacun avant de s'approcher, répeta-t-il, plus ou moins convaincu, le fameux mot magique « *abremontio* » qui veut dire : je te renonce, je conjure ton sort.

— Ah! belle dame, dit la pauvresse en haillons, de par les Saints du Paradis, je jure que j'ai vu le diable avec ses grandes oreilles et ses grandes cornes. Il a couru après moi et a voulu me jeter dans le grand trou des Abimes. O ma belle Princesse, je vous en prie, secourez-moi.

— Tranquillisez-vous, ma bonne vieille, lui dit d'une voix douce Mademoiselle d'Orléans, le diable ne vous fera plus de mal, car nous courons après et il sera bientôt pris. Tenez, acceptez ce petit sou d'or en souvenir de moi.

Mademoiselle avait relayé sur un superbe irlandais qui lui avait été amené tout récemment d'Angleterre. C'était plaisir que de la voir manier ce cheval très ardent avec une aisance qui faisait l'admiration de tous. Parvenue à la hauteur d'un groupe de cavaliers, qui stationnaient pour écouter, elle se joignit à eux.

— Eh bien! mon cher Marquis de Préfontaine, voilà bien du grabuge avec ce méchant animal. Dieu merci! ils ne sont pas tous comme celui-là. Car en vérité, tous nos chenils y passeraient. Vous savez sans doute que j'ai quatorze chiens de grièvement blessés et quatre de tués. Un ragot de quatre-vingt n'en eût jamais fait tant.

— Que votre Altesse ne me parle pas des *bat-l'eau* dans ces diables d'étang de Puisaye. Comme tableau pour les spectateurs, cela peut avoir du coup-d'œil, mais je ne connais rien de si perfide pour les chiens et les chevaux, voire même pour vos excellents piqueux, car j'ai vu l'instant où ce brave La Broussaille allait y périr, victime de son devoir.

On n'entendait plus que quelques coups de voix à de rares intervalles et les trompes sonnaient des *requêtés*. C'était un *défaut* et on faisait *des retours*.

Quelques instants s'écoulèrent ainsi dans le silence, penda[nt] que tout le monde se tenait très anxieux de savoir ce q[ui] allait advenir.

Au coûte ! Au coûte ! Au coûte ! crient les piqueux. [En] même temps, un formidable cri de meute fait explosion da[ns] les bois. C'est un *relancé à vue*. Des hurlements confu[s] succèdent bientôt après. Le cerf est aux abois et il fait tê[te] aux chiens. *Hallali ! hallali !* crient les hommes au bois d[e] Talon, et toutes les trompes d'attaquer cette reprise guerriè[re] de l'hallali courant.

Chacun se hâte d'accourir, les voitures sont amenées gra[nd] train et c'est à qui s'orientera le mieux et gagnera le but p[ar] les plus courts chemins.

On arrive. Le cerf acculé tente un dernier effort, et chargea[nt] la meute, s'ouvre un passage et gagne en quelques bon[ds] le haut d'un ferrier (1).

Du haut de ce monceau de scories, il promène sa tête ahur[ie] et regarde la meute furieuse, qui l'assiège et l'entoure.

Semblable au groupe fameux qui surmonte le gra[nd] portail du château d'Anet, le fier dix-cors se tient immobi[le] sur son vaste piédestal. Tout autour, les grands pins noi[rs] donnent à cette mise en scène quelque chose de fantastiq[ue] et de funèbre. L'on dirait que le cerf est venu se placer lu[i]-même sur son catafalque. En ce moment les rayons obliqu[es] du soleil couchant l'atteignent encore là-haut, comme po[ur] lui donner un dernier regard de la nature. Son attitude est mâ[le] et superbe, on le croirait immense avec sa ramure qui se détac[he] sur le ciel bleu comme un beau diadème. Au point de vue

---

(1) Amas de scories de fer, parfois très élevés, provenant des anciennes for[ges] gallo-romaines assez communes dans cette partie de La Puisaye.

la statuaire, c'est d'une allure magistrale, et il ne manque plus à ce chef-d'œuvre que la croix lumineuse et étincelante qui apparut sur la tête de ses aïeux et fit prosterner saint Hubert.

Cent chiens montent à l'assaut avec des abois menaçants et terribles. Lui, frappe du pied de colère et de dépit, et, pour maintenir en respect jusqu'à son dernier soupir cet implacable ennemi qui le harcèle, il abaisse ses bois, comme on abaisse son épée.... Car il est vaincu, c'est son dernier effort.

Sa langue est pendante et noire, ses jarrets tendus fléchissent, son dos est voûté, ses yeux jadis si brillants et si beaux, s'obscurcissent et se voilent, il est haletant... il attend la mort.

Ces angoisses de l'agonie sont trop cruelles ; on réclame le coup de grâce.

Le Comte de La Tour tient en main un pistolet chargé et de l'autre, le couteau. — Messieurs, qui veut servir ! dit-il.

— J'en réclame l'honneur, s'écrièrent à la fois tous nos gentilshommes chasseurs, avides de témoigner leur adresse à porter un coup d'épée, et tous sautent à bas de leurs chevaux, la dague en mains.

Sans attendre, les Comtes de Hollac et de Menou, déjà prêts, faisant fi de l'arme à feu, s'avançaient brandissant leur lame blanche ; car les gentilhommes de ce temps-là ne maniaient bien que *la dague ou l'épée*.

Déjà, le Comte de Menou arrive bravement, et saisissant l'instant où l'animal détourne la tête, il lui plonge le couteau au défaut de l'épaule en même temps que le Comte de Hollac lui enfonce la dague de l'autre côté.

Le cerf chancelle et s'abat.

Alors c'est un refrain triomphant des trompes qui sonnent *la mort*. La meute s'apprête au carnage, et redouble en l'instant ses hurlements féroces.

Les fanfares exaltent l'assistance, qui se figure par ce simulacre de guerre assister aux sonneries d'une victoire.

Monsieur de Langlée, particulièrement ému, s'était avancé au devant des Comtes de Hollac et de Menou, pour leur serrer la main :

— Je suis toujours impressionné, dit-il, Messieurs, quand je vois servir un cerf, car j'ai ouï dire qu'un Empereur nommé Basyle, lequel avait gagné maintes batailles et fait de grandes prouesses en son règne, fut vaincu et tué par un cerf, en le voulant affaiblir aux abois.

— C'était un maladroit, votre Empereur Basyle, réplique un peu brusquement Monsieur de Menou. On en revient comme vous voyez ; et d'ailleurs, « à vaincre sans péril, on triomphe sans gloire ».

— Excusez, reprit Monsieur de Langlée, je retire cette réminiscence historique inopportune. Puis, tournant les talons ; décidément, à la chasse, le mieux c'est de laisser faire et ne rien dire.

Il se fait tard, et l'on fera la curée aux flambeaux.

Les dispositions ont été prises au carrefour le plus proche, à la Croix-des-Gastines, où vingt grosses torches aux feux rougeâtres s'allument comme par enchantement. Leurs lueurs sinistres se projettent dans la profondeur des dessous de la futaie et éclairent d'une façon lugubre la carcasse de l'animal, que l'on a recouvert de sa peau comme d'un noir linceul.

Les piqueux et valets de chiens sont alignés à droite et à gauche, la trompe aux lèvres, et sonnent en harmonie les plus belles fanfares de la chasse, tandis que le comte de La Tour se tient en avant et préside à la meute qu'il tient sous le fouet.

Sur son ordre, le valet qui maintient et balance la tête du cerf, retire la *nappe*, et aussitôt la meute vorace se rue furieusement sur sa proie dans un assaut acharné, dans une bataille indescriptible, horrible de carnage.

Les *Honneurs du pied* seront faits à Madame la Princesse de Courtenay-Chevillon.

Tenant en main le pied qu'on a tressé, le Comte de La Tour s'avance au devant de la gracieuse princesse, et portant le genou à terre, lui baise respectueusement la main. En se relevant, il lui remet au nom de Son Altesse le *Souvenir d'honneur*.

Aussitôt retentissent les sonneries de circonstance, auxquelles succèderont les fanfares d'équipage, La Montpensier, la d'Orléans et pour ce jour solennel, pendant la *retraite prise*, on entendra encore les brillants refrains de la Saint-Hubert.

Bientôt la forêt sombre retombera dans le calme silencieux de la nuit, que troubleront à peine les cris effarés des hibous, ou le son des cloches de Saint-Fargeau, qui tintent l'*Angelus* du soir ; tandis qu'au château, de nouvelles réjouissances se préparent. Car, insatiable de plaisirs et de fêtes, dans l'intervalle de ses nombreux *ballalis*, la Grande Mademoiselle entretient sa brillante petite Cour dans les charmes de l'imprévu.

Ce soir, elle aura la primeur d'une comédie de Molière, et Segrais, le poète rêveur se fera applaudir dans cette ode gracieuse où chacun reconnaît le portrait de Mademoiselle.

> Telle qu'on voit Diane, à l'ombrage d'un bois,
> Le dos encore chargé de son riche carquois,
> A son bal inviter la troupe des Dryades,
> Et surpasser l'éclat des blondes Oréades ;
> Telle au premier tableau, placée dans un beau jour,
> Paraîtra la Princesse au milieu de sa cour,
> Autant par son air haut, que par son origine,
> Des nymphes surpassant la majesté divine,

Soit qu'aux tons ravissants d'un concert plein d'appas,
Élevant sa démarche et mesurant ses pas,
Plus brillante que l'or dont sa robe étincelle,
Elle attire à la fois tous les regards sur elle,
Soit qu'avecque sa troupe en un bocage épais,
De la grande Junon quittant le grand Palais,
Sous l'habit innocent d'une simple bergère.
Elle danse aux chansons sur la verte fougère.
Dans un plus vaste champ, peint dans l'autre tableau,
Qu'elle poursuive un cerf *au terrible bat-l'eau*
Marque loin, au devant de sa leste cohorte,
Son cheval glorieux du fardeau qu'il emporte ;
Qu'il paraisse hennir, que l'herbe sous ses pas
Demeure ferme et droite et ne se couche pas,
Et qu'à ses prompts élans on voye en grosses ondes
De la nymphe flotter les belles tresses blondes
. . . .

Admirant les beautés d'un ouvrage héroïque,
Sans dédaigner les jeux de la scène comique,
Soit que ton feu céleste en sa grande âme épris,
Tu te peignes toi-même admirant ses écrits,
Et laissant remarquer leur beauté naturelle,
Aux grâces qui jamais ne s'éloignent d'elle,
Pour mieux représenter par quels charmants accords
Un si puissant génie anime un si beau corps,
Exprime comme un mot de sa bouche éloquente,
Peut calmer la fureur d'une foule insolente
Fait que l'on pense voir un grand peuple irrité
S'adoucir à l'aspect de tant de majesté.
Et voit tomber des mains de ce monstre sauvage
Les grès et les tisons dont il armait sa rage
. . . .

Quand par tes doux regards en un jour clair et pur,
Tu fais du vaste Olympe étinceler l'azur.
Est-ce assez des rubis ou de l'éclat des roses,
Dans l'aimable saison nouvellement écloses ?
Pour marquer cette bouche où ces charmantes fleurs,
Toujours, comme au Printemps, font briller leurs couleurs (1)

---

(1) Extrait du *Portrait de Mademoiselle*, par Segrais.

LA PUISAYE

ORIGINES ET VIEUX USAGES

On sait que l'Empire romain eut soin de maintenir à peu près partout les démarcations anciennement établies entre chaque nationalité respective des peuplades gauloises, soit en raison de la différence des usages et mœurs de chacune d'elles, soit par la configuration naturelle du sol. Plus tard l'Église accepta elle-même ces circonscriptions primitives en diocèses ecclésiastiques que les romains consacrèrent par des diocèses impériaux. Dès lors les anciennes métropoles romaines devinrent le siège des prélats d'Occident.

Or, dans la quatrième Lyonnaise, l'évêché des *Eduens*, dès les premières années de son érection, comprenait les villes et villages de Neuvy-sur-Loire *(Novus-Vicus)*, Bonny *(Boniacus)*, Briare *(Brioderus)*, Gien *(Giemus)*, Nevoy *(Nolvetum)*, et s'étendait en suivant le cours de la Loire jusqu'aux abords de l'abbaye de Fleury-Saint-Benoît où commençait l'évêché des *Carnutes*. Le territoire des *Sénons (Senones)*, aussi de la quatrième Lyonnaise, n'allait pas jusqu'à la Loire. Il se terminait au Sud, à la vallée du Loing, au village de Feins *(fines*

Senonum). En remontant le cours du Loing, les Eduens possédaient encore Bléneau *(Blanoilus)* et Saint-Fargeau *(Ferreolus)*. Au couchant de Feins, le territoire des Sénons était limité par les pays de La Bussière *(Busseria)*, Boismorand, les Choux, Langesse, le Moulinet *(Molineto)*, Montereau *(Monsteriolo)*, Lorris *(Loriaco)*, Vieilles-Maisons *(Veteris Domibus)* et Chastenoy *(Castaneto)*. Le pays des Carnutes était limité au levant par une vieille localité du nom de Bouzy *(Boziaco)*. C'était là le point de jonction des pays des Carnutes, des Sénons et des Eduens, suivant la démarcation primitive des trois évêchés (1).

Au VIIIe siècle, les religieux de Fleury-Saint-Benoît-sur-Loire plaçaient leur abbaye aux confins de trois régions, comme le présent entre le passé et l'avenir. (*Situs loci Floriacensis monasterii ; sicque in confinio trium regionum, velut præsens inter præteritum et futurum*). Au Nord, l'Ile-de-France (c'est-à-dire les Carnutes), à l'Orient, la Bourgogne (c'est-à-dire les Eduens), au Midi, l'Aquitaine (les Bituriges). « *A septentrione Franciam, ab oriente Burgundiam, ab australi Aquitaniam* » (2).

Le pays de Puisaye, qui n'était au moment de la conquête des Gaules qu'une vaste forêt, faisait partie du territoire des Eduens. Il n'a jamais eu de délimitations bien précises et les historiens comme les géographes ne sont pas d'accord sur son étendue. En effet, son nom de Puisaye caractérise bien plutôt la nature de son sol qu'une contrée proprement dite. C'est comme le Gâtinais, la Beauce, la Sologne, le Hurepois.

---

(1) Cartulaire de l'abbaye de Saint-Benoît-sur-Loire. (Bulles des Souverains pontifes.) Pouillé général de France. — *Archives du Loiret*.
(2) Cartulaire de Saint-Benoît.

Le vieux mot de *Puisaie* ou *Puitzaie* est d'origine celtique, latinisé plus tard, puis francisé de diverses façons par la suite des temps. C'est ainsi qu'on le trouve écrit *Poiseia* dans une charte de 1147, *Pulegia* dans une autre charte de 1218, *Puisegia* dans l'*Histoire d'Auxerre*, de l'abbé Lebœuf, *Puisaia* dans quelques documents, *Puisoie* sur la cloche de Dammarie, fondue en 1580, *Puysaie* dans Bullet, *Poisaie* dans M. Dey (d'Auxerre), et aujourd'hui *Puisaie ou Puisaye*.

Bullet s'est livré aux recherches les plus savantes sur les origines celtiques et, contrairement à tous les documents anciens, il écrit *Puysaie* avec un *y* parce que, dit-il, ce nom a été formé de *puy* (montagne) et de *say* (forêts) et indique précisément ce qu'il est en effet, un pays accidenté et boisé.

M. Dey (d'Auxerre), n'admet pas cette introduction de l'*y* au mot *puy*, que rien ne justifie à son sentiment. Il se demande si les coteaux de la Puisaye ont assez de relief pour avoir frappé les premiers habitants au point de servir de base à une appellation topographique. Tout indique, selon lui, que dans l'origine le nom était *poisaie* et non *puysaie*, et à l'appui de son opinion il cite : 1° la charte de 1147 ; 2° l'appellation encore en usage chez les gens du pays qu'on nomme *Poiodains*, et enfin, 3° le verbe *poiser* qui, en langue locale, signifie marcher dans la boue.

Cependant le verbe *poiser*, dont parle M. Dey, n'a-t-il pas aussi bien pour équivalent dans le vocabulaire du lieu le verbe *puiser* ?

D'autre part, M. de Vallois ne veut point admettre le nom latin de *Puisaia*, qui est, dit-il, un mot fabriqué sur le français.

Il est donc assez difficile de se faire une juste idée sur l'étymologie réelle du mot *Puisaye* en présence de ces opinions diverses. Quoi qu'il en soit, si l'on n'est pas d'accord sur la première partie du mot *puy* ou *poi*, montagnes ou marais, il est entendu que la seconde partie, *say* ou *saie*, caractérise un pays boisé.

La Puisaye est une région argilo-sablonneuse dont le sol est composé d'argiles imperméables de l'époque tertiaire, plus ou moins modifiées par des mélanges de silice, de marne et de sables de grès ou ferrugineux que les pluies entraînent des points plus élevés.

De grands étangs, des marécages, des forêts dont les aménagements modernes favorisent le taillis, des enclaves de maigre culture d'avoine, d'orge, de blé noir et de froment ou des gâtines aux bouquets de bruyères et de genêts, tel est, avec les bonnes pâtures du Val, l'aspect de la surface du pays dont la configuration générale est ondulée plutôt qu'accidentée, car les vallées peu profondes y sont aussi très étroites. De nombreux cours d'eau sillonnent la contrée qui appartient à deux versants géographiques et y entretiennent une atmosphère humide, une fraîcheur permanente, à laquelle il faut être acclimaté. Parmi les plus importants cours d'eau, il faut citer le Loing, qui reçoit l'Ouanne et le Branlin, lesquels reçoivent eux-mêmes les rûs de nombreux étangs ; toutes ces eaux vont alimenter le canal de Briare ou se jeter dans la Seine. D'autre part, c'est la Vrille, qui court dans une charmante vallée, pour donner dans le versant de la Loire sur la rive droite du fleuve.

D'après d'anciennes cartes, et notamment (1) d'après une

---

(1) V. à la Bibliothèque d'Orléans et la Bibliothèque du *Journal du Loiret* (cabinet de M. Petit).

carte du Gâtinais et du Sénonais, éditée en 1544 et corrigée à cette date par J. Boisseau, les limites primitivement attribuées au pays de Puisaye auraient été dans la partie nord et nord-ouest une ligne figurative partant des environs et au-dessus de Charny, descendant au-dessous de Châtillon-sur-Loing et venant prendre le tracé, suivi depuis par le canal jusqu'à Briare, de là descendant à l'ouest le long de la Loire jusque vers le cours de la Vrille qui lui sert de limite au sud. A l'est de Tresgny, une ligne conventionnelle et limitrophe se tirerait tout droit sur Toucy, d'où elle rejoindrait par la vallée de l'Ouanne son point de départ.

D'après Dom Morin, l'étendue de la Puisaye devait atteindre dans sa partie nord-ouest une ligne partant de Montargis, passant par Gien et longeant la Loire jusque vers Cosne ; mais cette donnée n'est corroborée par aucun témoignage, et s'il est vrai qu'on n'a jamais eu de délimitations précises de la Puisaye, en ce sens qu'elle n'a jamais reçu de circonscription soit religieuse, soit administrative, il est de fait que l'appellation de pays de Puisaye naît de ce genre de terroir qui lui est propre et le distingue des pays voisins. Or aujourd'hui la dénomination de Puisaye ne semble pas dépasser dans l'usage le tracé du canal de Briare.

Cette région empiète donc sur trois départements, le Loiret, l'Yonne et un peu sur la Nièvre. Dans le Loiret, elle comprendrait quelques parcelles du canton de Châteaurenard et de Châtillon-sur-Loing, c'est-à-dire Adon, Melleroy, Feins, puis tout le canton de Briare.

Dans l'Yonne, elle aurait les cantons de Bléneau, de Saint-Fargeau, la plus grande partie de ceux de Saint-Sauveur, de Toucy, de Charny, et quelques parties des cantons d'Aillant-la-Vallée, de Saints et de Moutiers.

Dans la Nièvre, la Puisaye prendrait seulement quelques petites portions des cantons de Saint-Amand, Arquian, Aunay et Neuvy.

Outre les étangs, les gâtines et surtout ces bois qui formaient autrefois de splendides forêts aux chênes séculaires que l'abbé Suger faisait prendre pour les charpentes de Saint-Denis, une des particularités géologiques de la Puisaye est de présenter sur divers points de son territoire des amas curieux et parfois considérables de scories de fer bien connus dans le pays sous le nom de *ferriers*. On les rencontre soit en plein bois, soit sur des plateaux, soit au contraire dans les vallées près d'un cours d'eau. Ces débris métallurgiques sont composés de scories poreuses, légères et unies à cette matière soufrée, jaunâtre, vitréfiée, qu'on appelle partout *laitier*. Leur forme affecte celle d'un cône souvent très élevé. On les rencontre principalement sur les territoires de Tonnerre, de Mézilles, de Villeneuve-les-Genets, de Lavau, de Saint-Fargeau, de Saint-Privé et de Saint-Martin-des-Champs. Ces scories proviennent des forges primitives, peut-être d'anciennes extractions de minerai de fer, car suivant de savantes recherches à ce sujet, l'exploitation du fer dans la Puisaye devrait remonter antérieurement à l'invasion romaine et c'est pourquoi on considère avec raison ces ferriers comme les plus anciens monuments du pays.

La ville qui était autrefois réputée la principale de la Puisaye est Saint-Fargeau, qui se trouve au cœur du pays et fait partie du département de l'Yonne. « Saint-Fargeau, dit l'abbé Lebœuf dans l'*Histoire d'Auxerre*, est une petite ville située sur la rivière du Louain (Loing) *lupa amnis*, dont on trouve des traces dès le VIIe siècle, puisqu'il en est fait mention dans le testament de saint Vigile, évêque d'Auxerre, qui vivait en 680 :

Et Cardonaretas que conjecent autè Sanctum Ferreolum, cum mansis, bedificiis, acolabus, servos et ancillas, campis, pratis, silvis, pascuis, cultis et incultis, aquis, aquarumve discursibus, peculium utruisque sexus..... »

Et ailleurs, dans le testament de saint Didier, évêque en 621, nous lisons : « ..... *Item agellum Ferrollas situm in pago Autissiodorensi, super fluviolum Lupe, cum edificiis, pratis, silvis ; cum grege armenti et grege porcorum.* »

Les premiers moines avaient fondé à Saint-Fargeau une chapelle qu'ils avaient consacrée à saint Ferréol pour faire prévaloir plus aisément sans doute une appellation nouvelle du lieu qui, sans être trop modifiée de l'ancien nom, de peur de heurter la vieille coutume, fut cependant plus en rapport avec les idées réformatrices du temps. De *Ferrolas* (ferrioles) la langue romaine ou plutôt gallo-franque a fait *Saint-Fergeau* et, plus tard, au XVIIIe siècle, nos pères altérant l'orthographe, ont écrit *Saint-Fargeau*.

Le nom de l'ancienne capitale de la Puisaye s'est donc formé de cette particularité caractéristique du lieu, *des Ferriers*.

On raconte qu'au IVe siècle, sur la voie romaine d'Antrain, conduisant d'Autun à Paris, un jeune homme voyageait avec un vieillard qu'il entourait d'un respect extraordinaire. Le vieillard, c'était Valérien, évêque d'Auxerre, le jeune homme c'était Amatre (1), issu d'une des plus illustres familles de l'Auxerrois. Le jeune Amatre parlait à Valérien des beautés du christianisme et l'entretenait des douleurs de son âme à la vue de tant de turpitudes païennes qu'il soupirait de voir

---

(1) Saint Amatre ou saint Amateur succéda à saint Valérien au siège épiscopal d'Auxerre.

convertir. — « Mon ami, lui disait l'Évêque, à chaque jour suffit son mal. Quand tout cela se fera-t-il? C'est le secret de Dieu. Par quelles mains agira-t-il? Ne sera-ce pas par les vôtres? » — « Par les miennes! reprit Amatre. Oh! ce serait pour moi grand honneur et profit, non pas devant les hommes qui oublient vite, mais devant Celui qui se souvient toujours. »

Conquise sur le paganisme, la Puisaye commence à entrer dans une ère nouvelle de civilisation patiente et féconde, sous l'égide tutélaire de la protection du travail et de la religion chrétienne. Peu à peu l'Église s'empare du pays de Puisaye, non par la violence et l'usurpation, mais par des prédications et des colonies agricoles qui l'ont repeuplée. Jamais conquête sur la barbarie ne fut plus légitime.

Le cartulaire de Kersy (877) nous apprend que le pays était à cette date en dehors de toute organisation féodale et qu'il se maintint en cet état jusqu'à la fin du xe siècle, soit que cette contrée, peu habitée primitivement d'ailleurs, n'eut pris aucune part à l'agitation sociale des premiers temps du Moyen âge, soit que les habitants fussent encore sous la protection pacifique de l'Église ; car il n'existait encore au ixe siècle aucun établissement militaire dans toute l'étendue de la Puisaye (1).

Au xe siècle, Héribert Ier, fils naturel de Hugues Capet, se trouvait possesseur du siège épiscopal d'Auxerre. Ce prélat, auquel la mitre était légère, était habitué au luxe de la Cour. Nous voyons dans l'*Histoire des évêques d'Auxerre* (Antiff., 425-447) qu'il s'adonnait ardemment aux plaisirs de la chasse et qu'il se rendait, de compagnie avec les comtes de

---

(1) Voyez *Histoire du comté de Saint-Fargeau*, par M. Dey (d'Auxerre).

Chartres et de Champagne, dans les forêts de la Puisaye pour s'y livrer à ces exercices qui leur semblaient une image de la guerre. En guise de rendez-vous de chasse, Héribert se fit construire deux châteaux, l'un à Toucy, l'autre à Saint-Fargeau. Il les fit armer avec des gens de guerre et en confia la garde à des chefs, sous prétexte que ces forteresses étaient destinées à protéger le pays et à offrir un abri contre la violence et l'oppression. Ces châteaux devinrent en réalité les premiers anneaux de la chaîne féodale qui unit dans un devoir réciproque les évêques et ses vassaux. Mais cette relation cessa vers le milieu du xie siècle, soit qu'il y eut révolte contre les successeurs d'Héribert, ainsi qu'il est raconté dans l'histoire de ce prélat, soit que les évêques eussent inféodé quelques seigneurs à charge de foy et hommage, et que ces vassaux devenus puissants se fussent dégagés à leur tour et soustraits à leurs devoirs de vassalité.

C'est à dater du xie siècle que la Puisaye commence à sentir l'influence du régime féodal. Les seigneuries et les mouvances de fiefs s'y organisent, les châteaux s'y élèvent et se défendent pendant que les religieux bâtissent en silence leurs paisibles monastères. Des moines de Fleury-Saint-Benoît-sur-Loire arrivent à cette époque à Bonny et à Villiers-Saint-Benoît près Toucy, pour y construire des abbayes où ils formeront de véritables savants, cherchant, collectionnant et transcrivant les manuscrits qui seront les jalons de l'histoire et de la science.

Tandis que ceux-là se consacrent à la prière et à l'étude, d'autres bons religieux sortent de leur couvent de Saint-Côme fondé par saint Germain dès le ive siècle et, imitant les salutaires exemples de leurs prédécesseurs saint Alode, saint Mamert et saint Marien, créent plusieurs établissements agricoles, notamment ceux de Fontenay et de Mezilles. A leur tour, les religieux de ces établissements vont établir de nouvelles métairies aux alentours; près d'eux viennent se grouper petit à petit des cultivateurs ou des bûcherons, et ainsi commence à se peupler, à se défricher et à se cultiver la Puisaye.

Dans les premiers temps de l'Église, il n'était pas rare de voir ainsi des religieux délégués hors de leur abbaye pour faire de la culture et ensemencer les terres du voisinage. Ils n'avaient que l'administration de ces métairies ou granges qu'ils bâtissaient et ne rendaient compte à leur Abbé que de leur gestion. Ceux-ci ne formaient pas une communauté distincte de leur cloître, car d'un moment à l'autre ils pouvaient y être rappelés, et le lieu qu'ils occupaient prenait le nom de *prieuré* ou d'*obédience*. Celui qui en avait la direction se nommait *prévost* ou *prieur*, et c'est là l'origine de bien des localités.

Sous les murs du château du seigneur, mais en dehors de l'enceinte, s'amassaient aussi les pauvres masures du servage, sous lesquelles s'abritait toute une population qui en se développant constituait bientôt des villes et des villages.

Saint-Fargeau qui n'avait primitivement qu'une enceinte insuffisante fermée de palissades, devint un château imprenable sous l'occupation des Ithier et Narjod de Toucy, des comtes et des ducs de Bar, des Montferrat et de Jacques Cœur. Plus tard ce château s'embellira avec les seigneurs de Chabannes et d'Anjou et surtout avec Mademoiselle de Montpensier, Lepeletier de Saint-Fargeau et les marquis de Boisgelin.

A mesure qu'on avance dans le Moyen âge, on voit d'ailleurs les appareils de défense se multiplier dans la Puisaye et ils lui donneront un formidable aspect militaire vers la fin du XIVe siècle.

A Bléneau, ce sont des remparts qui abritent non seulement la ville, mais un château flanqué de ses tours d'angle avec donjon et fossés d'enceinte. A Saint-Privé, c'est le fort de *La Mothe-Levault* qui commande la vallée du Loing. A Champlay, près Taunerre, à la Coudre, près de Faverelles, ce sont des citadelles. Des tours à créneaux se dressent et dominent le pays : *la Mothe de Naples* à Louesme, *la Mothe Avenière* à Lavau, *la Mothe Ponceaux* à Mézilles, *le Fort Vassy* et *la Mothe de Nevoy* à Septfonds.

Dammarie-en-Puisaye, avec ses tours, ses murailles et son superbe donjon, est comme en avant-garde du pays aux abords de la Loire. Du haut de la grande tour les signaux se transmettaient jusqu'aux tours de Dammarie-sur-Loing, de Cosne, de Sancerre et de Montiffaux.

A Breteau, c'était le vieux manoir de Reuilly à Messire Racault ; à Ouzouer, le château de Pontchevron à Godefroy, de ce nom, évêque de Bourges ; à Ousson, le vieux manoir du chevalier Ramaldus.

Bientôt ces châteaux-forts sont des remparts pour se tenir à couvert des incursions des *grandes compagnies* qui, sous Charles V, dévastaient le pays, pillaient tout ce qui n'était pas en état de se défendre et devenaient la terreur des habitants. En même temps il fallait se protéger contre les troupes errantes qui, pendant la guerre de Cent ans, sous prétexte de réquisitions, ruinaient la contrée comme de pires vagabonds, et ce n'était qu'à prix d'argent qu'on parvenait à s'en débarrasser.

A cette époque et depuis, nous pourrions citer bien d'autres châteaux seigneuriaux qui s'érigèrent dans la Puisaye, tels que celui de Saint-Sauveur, reconstruit au XVIIe siècle, sur l'emplacement du vieux chastel des comtes de Nevers et dont il reste un donjon du XIe siècle. Notons encore les beaux châteaux de Champcevrais, de Saint-Eusoge, du Muguet, de la

Grange-Arthuis, jadis vieux manoir féodal avec barbacanes, fossés et pont-levis, le château de Ratilly, près Treigny, Boutissaint, Saint-Amand et tant d'autres encore.

Les premiers seigneurs qui occupèrent la Puisaye furent vraisemblablement les comtes de Champagne ; après eux, la Maison des comtes et ducs de Bar, qui occupaient toute la Puisaye Auxerroise ; tandis que les de Courtenay, les comtes de Nevers et de Sancerre implantaient leurs seigneuries dans les régions plus voisines de la Loire.

Sur la demande de Henri, comte de Bar et de Puisaye, Philippe VI de Valois ordonna, le 24 septembre 1344, que la terre de Puisaye qui ressortissait partie au baillage d'Orléans, partie à celui de Villeneuve-le-Roy ressortirait tout entière au baillage de Sens, de même que le comté de Bar.

Quant à la mouvance des fiefs respectifs à ces premiers seigneurs, nous ne saurions entreprendre leur histoire capricieuse et compliquée, qui se prête à des combinaisons souvent bizarres dont il est très laborieux de se rendre compte. Nous dirons seulement en ce qui touche le lieu principal de l'ancienne Puisaye que Saint-Fargeau relevait en fief du château de Montargis (1), qu'il existait un acte d'aveu et de dénombrement constatant cette mouvance dans le volume intitulé : *Registrum Philippi-Augusti*, brûlé avec une partie des archives et qu'il en existe encore quatre aujourd'hui des années 1391, 1483, 1485 et 1498, tous antérieurs à l'érection de la terre de Saint-Fargeau en comté, c'est-à-dire au XVIe siècle.

Après avoir envisagé dans leur ensemble les constructions seigneuriales de cette contrée, il est nécessaire, pour se rendre compte du double but d'activité où le Moyen âge portait les

---

(1) Cédé par Pierre II de Courtenay au roi Philippe-Auguste.

esprits, de considérer également les monuments religieux de cette époque dont il reste dans la Puisaye de très curieux souvenirs, malgré les restaurations nécessaires que des époques plus récentes ont souvent altérées ou modifiées.

Nous trouvons des souvenirs du XII° siècle dans les églises de Mézilles, de Ronchères, de Septfonds, de Bléneau, dont le portail, à plein cintre orné de colonnes romanes, de tores et de sculptures, est d'un joli aspect. L'église de Saint-Fargeau du XIII° siècle n'a rien de bien remarquable. Celle de Tonnerre des XII° et XVI° siècle renferme deux belles châsses du XVIII° siècle. A Bonny, il existe encore des vestiges du couvent de Saint-Pierre, aux Bénédictins ; on voit un pan du cloître ayant huit arcades plein cintre ; une partie de l'église prieurale est encore intacte. C'est un beau type de l'architecture romane. Le clocher, l'abside et le chœur sont du XII° siècle, le reste appartient au XV° siècle. A Briare, on trouve les restes d'une chapelle romane dédiée à saint Étienne, construite, dit-on, sur les ruines d'un ancien temple de Bacchus ; puis les restes d'une chapelle du XIII° siècle, dédiée à Notre-Dame-de-Grâce. L'église paroissiale délabrée est en voie d'être remplacée par un nouvel et vaste édifice de fort belle construction romane due à la générosité des bienfaiteurs du pays.

A Ouzouer-sur-Trézée, l'intérieur de l'église est d'une remarquable architecture par sa hardiesse et son originalité. Extérieurement le clocher s'élance élégamment dans les airs. C'est un des plus jolis monuments religieux de cette partie de la Puisaye.

A partir de la fin du Moyen âge, la Puisaye n'a pas d'histoire proprement dite. Nous la voyons suivre les péripéties communes aux fluctuations nationales et subir les phases convulsives des guerres et des révolutions sociales. A l'époque des guerres de religion, les bords de la Loire et le pays de l'Auxerrois furent particulièrement agités par les armées des ligueurs et des reitres, et le fanatisme religieux du temps a laissé dans ces parages les souvenirs des plus affreux massacres.

Au commencement du règne de Louis XIV, au plus fort de la Fronde, la Puisaye fut le théâtre du combat de Bléneau, où Condé d'abord victorieux des troupes mazarines en battant d'Hocquincourt à Rogny, fut arrêté par Turenne dans les gâtines de la Chenauderie, en avant des étangs de Champoulet. Ce fut le salut de la Cour, réfugiée à Gien.

Pendant les guerres du premier Empire, et au moment de la fameuse campagne de France, les Cosaques traversèrent le pays, et dans la dernière campagne de 1870, les Allemands l'occupèrent en partie.

Les habitants de la Puisaye parlent la langue nationale sans accent marqué et sans trop d'altération de patois, toutefois ils disent communément certains mots d'usage, tels que : une *gouille* pour indiquer une mare, un chemin défoncé par les pluies. Un *marchais* désigne un abreuvoir ; une *manœuvrerie* est une ferme ou une métairie. On dit un *milou* pour un puisard, une *gâtine* pour des terres en jachères, une *pâture* pour un enclos de prairie, une *bouchûre* pour une haie, un *lot de bergeat* pour un troupeau de moutons, des *voyaux* pour des oiseaux, la *voillée* pour la soirée, etc., etc.

Nous pensons qu'il peut être intéressant de relater quelques vieilles coutumes et croyances de la Puisaye. Nous les extrayons d'un rapport (1) très curieux de M. C. Moiset, présenté à la Société des Sciences historiques et naturelles de

---

(1) *Bulletin de la Société des Sciences historiques et naturelles de l'Yonne*, année 1888 (42ᵉ vol.).

l'Yonne. Ces anciens usages ont encore leurs traditions assez innocentes dans bien des localités ; nous en signalerons seulement quelques-unes des plus originales.

Ainsi, au moment du carnaval, les jeunes gens s'amusaient à certaines plaisanteries qui consistaient ordinairement en un *charivari* improvisé ou combiné à l'avance et qui s'adressait soit à des gens mariés avec une certaine différence d'âge, soit à ceux ou à celles qui n'avaient pas une conduite très régulière. Le charivari se faisait avec des instruments discordants, tels que poêles, casseroles, clochettes et sifflets, sans compter les huées et les cris qui produisaient un tintamare infernal. Autrement quelques facétieux érudits improvisaient une satyre en vers ou en prose qu'on débitait joyeusement dans les rues ou sur la place publique. Mais ce qui était le plus en vogue était *la chevauchée de l'âne*. Son principal but était de s'en prendre aux mauvais ménages. On hissait de force sur le baudet l'époux tyrannique, le visage tourné du côté de la *poupe*, et on le forçait à tenir dans les dents la queue d'Aliboron. Ce n'était là qu'un prélude ; car on l'encensait, et de très près, avec un méchant sabot dans lequel brûlaient des vieux chiffons et même de la bouse sèche et du crotin de cheval.

A Bléneau, ceux qui faisaient escorte, se déguisaient en femme et, armés de balais, ils frappaient à tour de bras l'âne, voire même celui qui le montait.

Dans certaines parties de la Puisaye, on se contentait avec moins de persifflages de promener sur l'âne tous les hommes mariés du village, le premier jusqu'à la porte du second, le second jusqu'à la porte du troisième, et ainsi de suite, de porte en porte.

Un jeu fort cultivé pendant le Carême, et surtout à Pâques, est celui de la *toquette*. Voici en quoi il consiste : sur toutes les tables des auberges on voit des assiettes remplies d'œufs teints, comme c'est l'usage partout d'ailleurs. Mais on doit jouer avec les œufs sans les casser, cela s'appelle *roquer*, et celui qui casse un œuf est tenu de *payer la tournée*. On joue beaucoup aussi *à la Carême*. Tous les jours, après le coup de l'Angelus, si les deux joueurs se rencontrent, c'est au premier à dire à son partenaire le mot : *Carême*. A Pâques on règle les comptes par un nombre d'œufs correspondant au gain de celui qui a le plus souvent *carémé* l'autre. Ce jeu rappelle beaucoup celui de la *Philippine* avec les amandes.

Dans le canton d'Aillant, il y a quelques années, les conscrits de l'année s'en allaient le matin à la forêt. Là, ils coupaient un jeune baliveau qu'ils plantaient sur le milieu de la place, puis l'entouraient de fagots et, le soir, autour de ce *Mai* improvisé, les habitants et même le curé venaient en procession, y mettaient le feu et tournaient autour tant qu'il brûlait, après quoi on reprenait le chemin de l'église en emportant un morceau d'écorce calcinée qui devait préserver chacun de la foudre.

Les feux de la Saint-Jean étaient également très usités (1). Malheureusement c'est un usage qui s'en va, car rien n'était plus charmant que ces rondes joyeuses autour de ces brasiers pétillants dans l'obscurité de la nuit. Les uns couraient avec des torches soustraites au feu lui-même, les autres sautaient à travers les flammes sans toucher les sarments et les yèbles, sous peine d'être ramenés par les camarades pour être enfumés. Cette formalité de s'élancer au travers des flammes

---

(1) Remarquez que plusieurs des usages ci-dessus relatés, bien qu'usités jadis en Puisaye, ne sont pas cependant spéciaux à ce pays.

des feux de la Saint-Jean était regardée comme une sorte de purification qui éloigne les maladies et porte bonheur.

Au jour de Noël, à Bléneau, on avait une singulière coutume, lorsqu'une vache était prête à vêler, on mettait un morceau de la bûche de Noël dans sa buvée, afin de la faire délivrer facilement. Dans le canton d'Aillant, où la bûche devait brûler trois jours, on en réservait les cendres pour les mélanger aux semences, afin de les préserver de la carie. Ailleurs on répandait ces cendres autour des habitations pour éloigner les serpents (1).

Les coutumes locales qui se rapportent aux cérémonies des noces villageoises sont peut-être celles qui se sont encore le mieux conservées. Dans quelques localités de la Puisaye, par exemple, au dessert du repas, au moment où la mariée doit offrir elle-même les dragées, on voit entrer dans la salle du festin des jeunes gens portant sur un brancard un jeune gars qui tient une soupière dans les bras. Le groupe se dirige vers la jeune femme et lui fait hommage du *cadeau de la mariée*. Celle-ci soulève le couvercle et aussitôt un des porteurs souffle dans le vase d'où s'échappe un nuage de blanc duvet dont la disparition laisse voir une ample provision de dragées qui sont aussitôt gracieusement distribuées. A Champcevrais, les invités de la noce offrent parfois à la mariée une poule ornée de beaux rubans qu'on lui présente en chantant des couplets avec toutes sortes de souhaits de bonheur et de postérité.

A la fin du repas de noces, les enfants d'alentour viennent *reuiller*, c'est-à-dire quêter quelques restes du festin.

A Louesme, Villeneuve et Tannerre, la mariée trouve sur le

---

(1) Le 16 mai, jour de la saint Pèlerin, dit la légende, on ne sort pas le bétail, car depuis que le saint a été mordu, la morsure des serpents est plus dangereuse ce jour là.

seuil de la porte un balai couché en travers. Si elle passe sans le relever, c'est qu'elle sera mauvaise ménagère. A Saint-Fargeau, quand une dernière fille se marie, le garçon de fête transporte le balai de la maison paternelle dans celle des nouveaux époux. A Lavau, le jour du mariage, les enfants du pays s'emparent de tous les balais qu'ils trouvent et vont les brûler si on ne les rattrape pas à temps. Cette petite farce, assez drôlatique, signifie sans doute qu'il n'y aura désormais plus dans la maison de mariée à soumettre à l'épreuve du balai.

La Puisaye partage avec le Morvan le privilège (du moins c'est leur réputation) d'être la terre d'élection des sorciers. On en distingue deux sortes, les *empicasseurs*, c'est-à-dire les malfaisants, et les *désempicasseurs*, autrement dit les bienfaisants. Ces deux classes ont le nom commun de *patatas*. Pour devenir sorcier, rien de plus simple. Vous allez avant minuit avec une poule noire vous placer sous le plus gros chêne d'un carrefour de la forêt. Au dernier coup de minuit vous immolez la poule en criant par trois fois : *Beelzebuth ! Beelzebuth ! Beelzebuth ! viens, je me donne à toi*. Alors le diable arrive, vous fait mettre une croix sur un écrit qui lui livre votre âme et vous devenez plus ou moins sorcier. Maintenant pour se garer des sorciers et se préserver des sortilèges, le procédé employé en Puisaye est celui-ci : lorsque vous rencontrez un individu suspect ou qui vous semble plein de maléfices, il faut s'éloigner, faire un signe de croix en disant : *Abremontio*, ce qui veut dire « je te renonce ». Les sorciers qui guérissent des maladies comme du croup, du muguet, de la maille, du bourgeon, de la *maumarche* (entorse), s'appellent des *Gaviouneurs*. Dans le pays, quand il y a un malade, on a bien plus confiance dans le sorcier que dans le médecin ; alors on fait venir le gaviouneur qui emploie le plus souvent du sang de lapin ou de poulet et en asperge les quatre orients (les quatre coins). Les bergers sont de tradition et de père en fils sorciers. Leur fonction entraîne fatalement la sorcellerie et ils ne sont nullement astreints à une cérémonie préliminaire quelconque du soit disant pacte avec le diable.

Les sources, les mares et les fontaines jouent également un grand rôle dans l'imagination de la plupart de ces gens simples, de même que les pierres qui virent et certains vieux arbres dont les plus anciens, portaient le nom de *Rosny* du pays natal de Sully, le grand ministre. La pierre qui branle ou qui vire révèle la femme infidèle.

Auprès des sources divinatoires se trouvent nécessairement des fées, bonnes ou mauvaises, qu'on appelle confusément *Douées, Dames blanches, Folles, Lavandières*, et qui hantent les bois, au dire des innocents.

Sur le même rang que les fées viennent les feux-follets, qu'on appelle *culots* et qui sont la terreur de ceux qui les voient.

Il y a aussi *le pas*. C'est l'empreinte du pied d'un pauvre diable qui est allé se jeter à l'eau ou se pendre, ou qui a été tué dans des circonstances dramatiques. Chaque passant met le pied dans le pas pour *marcher dedans*, cela porte bonheur, dit-on. Jamais l'herbe ne pousse dans *le pas*, c'est une merveille, paraît-il, mais n'ayez pas l'air de n'en être pas étonné, vous seriez mal vu et mal compris dans le pays.

Et dire qu'il y a un tas de braves gens qui croient encore à toutes ces choses avec une foi naïve, qui caractérise bien d'ailleurs l'esprit des habitants du fin fond de la Puisaye !

A Fontenay-en-Puisaye, il y a peu de temps encore, il y avait un usage fort singulier qui consistait à célébrer la fête de Pâques un des dimanches de septembre. Or, voici l'origine de cette coutume : Les habitants de Fontenay prétendent que c'est sur leur territoire que se livra, en 841, un combat entre les fils de Louis le Débonnaire. Comme les historiens ont rapporté que ce fait eut lieu pendant les fêtes de Pâques au mois de juin, la tradition populaire prétend qu'on n'eut pas le temps de faire les offices et qu'on fut obligé d'attendre le départ des troupes jusqu'au mois de septembre pour célébrer la fête. Celle-ci prenait le nom de *Sainte bien-aise*, pour exprimer sans doute la satisfaction qu'avait causée le départ des soldats.

Dans les environs de Saint-Sauveur, on rencontre des personnes qui ont dans la main droite une peau dure, noire, calleuse, appelée *patte d'oie*. C'est une marque héréditaire de famille transmise, suivant la légende, par les persécuteurs de saint Pèlerin, qui poursuivaient le pauvre saint, à coups de pierre et de boue.

Mais arrivons à des coutumes plus pastorales et dont plusieurs sont charmantes d'ingénuité.

Les danses ont été de tout temps un des divertissements les plus choyés de nos pères, qui dansaient avec plus de goût et de style que maintenant et nous ont laissé des souvenirs chorégraphiques auxquels on cherche un peu à revenir avec les menuets et certains pas de caractère qui tendent à reprendre de mode dans certaines fêtes parées et costumées principalement.

En Puisaye, on danse encore *la bourrée* dans quelques paroisses, avec accompagnement de cornemuse, de vielle et de violon. Si l'on danse un quadrille, au moment de l'*en-avant-deux*, les vis-à-vis s'approchent et le danseur embrasse sa danseuse. Après la figure, le musicien imite avec sa musette le cri de la chouette et les cavaliers, prenant leur danseuse par la taille, la soulèvent de terre en la faisant pirouetter légèrement autour d'eux.

Parmi les chansonnettes tirées du répertoire de la Puisaye, nous extrayons celle-ci qui raconte, dans une naïveté narquoise et avec une certaine allure, les impressions d'un conscrit partant en guerre, sous l'ancien régime.

L'AMI PIERRE

Ça bourdonnait d'aller à la guerre ;
Mes voisins disaient : laboure donc tes terres,
Quand l'affutiau vient à passer,
Trois oltafiers ils m'ont emmené,
M'ont mis plumage à mon chapeau :
Fallait voir Pierre qu'il était beau !
Un gent habit sur ma carrure,
Une queue de poële à ma ceinture ;
De l'aut couté un p'tit piquet,
Sur mon épaule un fer creusé
Et tout plein, tout plein de pruneaux
Dedans ma giberne noire,
Et de la graine de naviots
Tout plein dedans mon écritoire.
J'en emmenchais dedans mon fer creusé
Et ça pétait, pétait tous les coutés.
V'la qui me boutent en faction
Par devant une citadelle.
Tous ceux qui savaient pas mon nom
Y m'appelaient la sentinelle ;
Et y aurait pas passé un chat
Que je l'y huchais : qui va là ?
L'autre tirait comme diable à quatre ;
Je me garais peur qu'il m'attrape.
Je l'y criais : prends garde, y a du monde-là.
Il s'en dérangeait pas pour ça...
. . . .

En outre de ces chansonnettes, il y avait un chant appelé *la Chalande* ou *Calande*, très usité parmi les amoureux. C'était une sorte de colloque langoureux qu'on se débitait le soir de ferme à ferme, en montant parfois sur des arbres ou des murs pour s'entretenir de plus loin. Dans chaque phrase il fallait placer le mot *chalande* ou *chalandé*; ainsi, pour en donner un exemple, l'amoureux soupirait : — Ohé ! ma chalande ! ohé, ma compagne, ma joliette ? Et la payse de répondre : — Ohé ! mon chalandé ! ohé ! mon chalandé aimé de moi ! Où donc est la rosée de mai, mon chalandé ? — Dans le jardin de M'sieur le Curé, ma chalande. — Mais s'il me voit, il me grondera, mon chalandé. — T'iras le soir après l'souper, ma chalande. — Mais j'aurais peur, grand peur, mon chalandé..... Tu ne veux pas de moi, mon chalandé. — Si j'en veux, je t'aime bien, ma chalande..... et ainsi de suite sur le même ton et indéfiniment.

Dans la Puisaye, on croit encore aux revenants et aux *loups-garous*, appelés aussi *guère-loups*. Ces sinistres et stupides farceurs, que l'on désigne sous le nom de *birettes*, étaient de mauvais drôles qui s'affublaient de peaux de bêtes, traînaient de lourdes chaînes en poussant des hurlements terribles pour jeter l'épouvante et profitaient du désarroi pour piller les jardins et les maisons. Depuis qu'ils ont été traités comme ils le méritaient, ces voleurs ont cessé ce genre d'exercice. Blessés par des coups de feu, ils préféraient succomber dans un silence stoïque, n'appelant que rarement le secours de la Faculté, mais jamais celui du Parquet.

M. Challe, dans son ouvrage *la Puisaye et le Gâtinais* rapporte des faits fort curieux sur une sorte de franc-maçonnerie qui existe parmi les charbonniers, et qui a pour titre de corporation : *les Cousins de la gueule noire*. Cette appellation d'ailleurs n'est pas spéciale aux charbonniers de la Puisaye ; car on la trouve chez ceux de la Forêt-Noire, des forêts des Alpes et du Jura. « Les charbonniers des forêts de la Puisaye, dit M. Challe, ont par tradition du temps où ils étaient associés en corporation, une sorte de télégraphie secrète et des signaux mystérieux. Quelques coups fortement frappés sur une douve ou planche suspendue à la main se font entendre de leurs oreilles exercées, à plusieurs kilomètres de distance. Chaque nombre de coups a sa signification, qu'eux seuls connaissent. Ils s'en servaient avec vigilance pour protéger pendant la Révolution les prêtres qui s'étaient réfugiés dans leurs forêts pour échapper à la persécution. A la première apparition des brigades de gendarmerie, l'éveil était ainsi donné et les suspects se mettaient à couvert. »

Il semble qu'on retrouve dans ces vieux usages quelques procédés usités parmi les peuplades des pays non encore civilisés, car, dans les forêts vierges d'Amérique, les tribus sauvages s'entendent ainsi à grande distance par des signes ou bruits conventionnels.

N'y a-t-il pas lieu de voir dans ces corporations de charbonniers les traces des fameux *carbonari* si redoutables dans la franc-maçonnerie italienne ?

Depuis une cinquantaine d'années, dit-on, ces associations des *Cousins de la gueule noire* n'existent plus, ou s'il en existe encore, les affiliés se reconnaissent entre eux par la manière particulière de donner un serrement de main, selon le vieil usage franc-maçonnique.

On sait que la Puisaye est un pays privilégié pour bien des sortes de chasses, tirés au bois, battues en plaine, chasse au gibier d'eau, chasse à courre du daim, du chevreuil, cerf et sanglier. Aussi, un Poïodain est-il fatalement chasseur ou braconnier.

Parlons d'abord des premiers, nous dirons ensuite un mot des seconds.

De tout temps on a chassé dans les grands bois des pays de Puisaye, réputés à juste titre très giboyeux. Depuis Héribert et les comtes de Champagne, nous savons que les grands seigneurs du Moyen âge s'y donnaient rendez-vous. Mademoiselle de Montpensier y faisait courir ses meutes de chiens anglais pour se distraire pendant son exil à Saint-Fargeau, comme elle nous le raconte elle-même dans ses Mémoires. Aujourd'hui encore, et c'est une des grandes réjouissances de la Puisaye, les équipages découplent chaque hiver et secouent cette apparente léthargie qu'imposent forcément le calme des forêts, la solitude des gâtines et la tristesse des étangs. Chacun prend plaisir au château comme à la chaumière à écouter ce bruit des fanfares et ces cris de meute dans le lointain des bois sauvages où jadis on n'entendait que la corne retentissante du bouvier, les appels de chouan, les coups de hache des bûcherons ou l'olifant du seigneur.

Saint Hubert a toujours été dans le pays l'objet d'une grande vénération. On l'invoquait contre certains animaux et surtout contre la rage, et voici la prière qu'il était d'usage de lui adresser pour obtenir sa protection.

Après avoir fait le signe croix, l'on disait :

> Saint Hubert glorieux,
> Que Dieu fit amoureux (c'est-à-dire bienveillant),
> D'trois bêtes me défend,
> Du loup, de la serpent
> Et du chien fou z'enragé !
> Qu'ils n'approchent pas plus près d'moi
> Que de la belle étoile
> Qui est au ciel !

Un vieil usage était aussi de faire chauffer à blanc des clefs qu'on appelait *clefs de Saint-Hubert* et on en marquait les chiens pour les garantir contre la rage. A Mézilles, il n'y a pas bien longtemps encore, on amenait le chien malade jusqu'à l'église dont on entrebâillait les portes juste assez pour laisser passer la tête de l'animal et la prendre comme dans un étau, et c'était le sacristain qui avait le privilège et le monopole de faire l'opération de la clef.

Pour donner une idée du braconnage, nous rappellerons l'usage qui prévalut longtemps contre tout droit et toutes lois d'organiser une grande battue, principalement le jour de saint Hubert dans une zone déterminée à l'avance où tout le monde pouvait venir même sans permis de chasse. On marchait en ligne, tirant souvent à tort et à travers et blessant parfois presque autant de monde que de gibier. Les traqueurs, armés de bâton se ruaient sur les pièces abattues ou arrêtées, et de là des luttes homériques où l'on se disputait et s'arrachait sa proie au point que cette sorte de battue était connue sous le nom de *chasse à la déchire*. En principe, le gibier *plume* appartenait en totalité au chasseur qui l'avait tué et le gibier *poil* était partagé avec celui qui le premier l'avait recueilli. Un jour, un *capucin* (c'est ainsi qu'on nomme les lièvres dans le pays) est blessé. C'est un vigneron qui s'en empare. Se voyant couru lui-même par d'autres traqueurs, il se jette à plat ventre sur son lièvre le couvrant de tout son corps. Les lurons arrivent en se bousculant les uns sur les autres et tombent à bras raccourcis sur celui qui défend sa proie. Le malheureux est assommé de coups de toutes sortes. N'importe, il ne bouge. Sur ces entrefaites passe un autre capucin blessé. Course folle des traqueurs pour l'arrêter. Alors débarrassé de l'assaut qu'il a reçu, notre bûcheron contusionné et tout meurtri se relève, tenant triomphalement son lièvre dans les bras et parfaitement dédommagé d'emporter sa capture entière.

Voilà jusqu'où va traditionnellement le fanatisme du braconnage en Puisaye. Heureusement que depuis quelques années les garde-chasses et la maréchaussée (quand elle y pense) tâchent d'y mettre bon ordre.

Telles étaient les principales coutumes plus ou moins singulières et drôlatiques usitées dans les pays de Puisaye. Nous remarquerons que beaucoup d'entre elles n'ont nullement un caractère spécial à la région ; mais ce qui est à noter, c'est qu'il existe une certaine analogie entre la tenacité bretonne et le caractère poïodain pour la conservation de ces anciennes pratiques, plus peut-être que dans bien des pays de France.

Disons en terminant quelques mots sur des vieux usages administratifs locaux dont nous avons trouvé la relation dans le travail de M. Dey concernant le comté de Saint-Fargeau.

Au XVIe siècle, le système administratif, du moins dans le centre de la Puisaye, était aussi simple que libéral.

Tous les ans, chaque habitant payant la taille était convoqué en assemblée générale par une assignation directe faite à domicile à la requête du procureur fiscal et par publication à la criée, ce qu'on appelait *assignation à cris publics et particuliers.*

L'assemblée avait lieu invariablement le sixième jour de janvier *pour délibérer des affaires tant du fait et police de l'église que de la communauté de la ville ou du village que autre chose concernant le bien et état de la chose publique selon et en suivant qu'il est de bonne coutume.*

Cette sorte de réunion municipale, composée de tous les imposés de la commune élisant chaque fois deux procureurs pour l'année et un receveur du fisc. Ceux-là rendaient compte ultérieurement de leur mandat et gestion et pouvaient être réélus, mais seulement pour une seconde année.

La taille royale se prélevait d'après un rôle dressé par les deux procureurs, assistés de quatre assesseurs et la *cueillette et levage*, suivant l'expression locale, était laissée au recouvrement d'un agent spécial qui prenait l'emploi à l'adjudication au rabais et *à la chandelle*, c'est-à-dire à l'extinction des feux, comme dans les adjudications actuelles.

La surveillance des bois communaux étaient confiée à un ou plusieurs gardes et personne n'avait droit au partage de l'affouage s'il n'habitait dans les limites de l'usage déterminées par quatre bornes, délimitations que rappellent aujourd'hui nos bornes ou limites d'octroi.

Il était interdit formellement de vendre aucun bois aux forains sous peine d'amende. Le bois était préalablement fabriqué comme le prescrit encore de même le Code forestier et partagé entre les ayants-droits par gens *ydoines*, c'est-à-dire par des experts. Les bois de charpente étaient marqués avant d'être abattus et leur emploi était vérifié ensuite dans la construction pour laquelle ils avaient été destinés.

On voit de quelles précautions jalouses était entourée, dès cette époque, l'exploitation des forêts de la Puisaye qui ont toujours été d'ailleurs sa principale source de richesses.

Il y aurait assurément et infiniment plus à dire sur ces origines et ces coutumes que nous n'avons fait qu'esquisser dans les limites restreintes de cette petite étude ; car nous n'avons jamais eu la prétention de faire une historique sur la Puisaye et nous avons seulement réuni dans ces quelques pages le résumé de notes qui nous ont paru intéressantes.

Si la Puisaye, comme nous l'avons vu, ne saurait être par

la nature de son sol un pays favorable aux riches productions agricoles, son activité commerciale n'est pas non plus très développée. Les foires et les marchés réunissent principalement du petit bétail, tel que porcs et moutons qui sont très abondants et très estimés. L'industrie est rare dans le centre, à part l'exploitation des bois, les poteries du val de la Vrille, quelques briqueteries, tanneries et ateliers de tissage ; mais par contre nous admirons sur les bords de la Loire, à la sortie du canal et près du port de Briare, l'importante manufacture de perles, de mosaïques et de boutons due à l'industrieuse initiative d'un homme qui sut réunir aux dons d'une vaste intelligence les nobles qualités d'un beau caractère et des sentiments généreux. Sa mort eut été un malheur irréparable pour cette région qu'il sut enrichir par ses bienfaits, par sa science pratique, par son véritable génie, s'il n'avait laissé après lui une famille réellement digne de lui succéder et capable de faire largement prospérer sa grande œuvre.

Briare est devenue, grâce à M. Bapterosse, la ville la plus importante de la Puisaye. Sa population s'est plus que doublée et la cité ouvrière construite au bout de l'immense usine compte à elle seule plus de ménages que n'en possédait la ville entière avant l'établissement du canal.

Si l'aspect général de la Puisaye peut sembler triste à cause du peu d'animation qu'offrent ses routes et les rares métairies que l'on aperçoit çà et là au bord des bois ou dans la plaine, il faut convenir qu'elle renferme de magnifiques propriétés, non seulement par leur étendue, mais aussi par le caractère des habitations et des châteaux qui, pour la plupart, ont soit un cachet d'ancienneté, comme ceux que nous avons cités, soit une tournure moderne avec l'élégance et le confortable de nos jours. Les vallées sont généralement de gracieuse apparence, surtout celle du Loing et de la Vrille. La physionomie des bords de la Loire est encore plus séduisante aux approches de Briare, avec ces lointains qui s'échappent sur Châtillon et en amont, vers Cosne, La Charité et Sancerre, puis en aval, vers Saint-Brisson aux élégantes tourelles, et vers Gien dont on entrevoit le vieux pont et les toits aigus du pittoresque château d'Anne de Beaujeu.

Enfin, et non moins heureusement que les vieux souvenirs qu'elle garde, la Puisaye renferme d'excellents habitants, gens aimables et châtelains bienfaisants, entourés eux-mêmes d'une population sympathique, modeste, serviable et polie. L'éloignement des grandes villes a pu porter préjudice au développement de sa fortune et d'un certain bien-être relatif parmi la population rurale ; mais à coup sûr, elle y a gagné, chose infiniment plus enviable, de conserver la bonne et franche simplicité de ses mœurs.

Nous venons d'apporter en témoignage la relation très succincte, mais exacte, de certains vieux usages dont la Puisaye ne paraît pas encore disposée à renier quelques-uns.

www.ingramcontent.com/pod-product-compliance
Lightning Source LLC
LaVergne TN
LVHW050650090426
835512LV00007B/1125